사일 동안
이것만 풀면
다 합격!

KB200173

삼성
온라인 GSAT

시대에듀

2025 최신판 시대에듀 All-New 사이다 모의고사
삼성 온라인 GSAT

Always **with you**

사람의 인연은 길에서 우연하게 만나거나 함께 살아가는 것만을 의미하지는 않습니다.
책을 펴내는 출판사와 그 책을 읽는 독자의 만남도 소중한 인연입니다.
시대에듀는 항상 독자의 마음을 헤아리기 위해 노력하고 있습니다. 늘 독자와 함께하겠습니다.

머리말 PREFACE

삼성 경영철학의 최우선순위는 '인간존중' 이념이다. 이를 구현하기 위해 삼성은 1995년에 개인의 능력과 무관한 학력, 성별 등의 모든 차별을 배제한 '열린채용'을 실시함으로써 채용문화에 변화의 바람을 일으켰다. 이때 삼성 직무적성검사(SSAT ; SamSung Aptitude Test)를 도입, 단편적 지식과 학력 위주의 평가 방식에서 과감히 탈피했다.

20년 동안 채용을 진행하면서, 입사 후 우수 직원들의 업무성과 요인 등을 분석한 결과 직군별 성과요인에 차이가 있었다. 또한 미래 경영환경의 변화와 글로벌 주요 기업들의 사례를 통해, 창의적이고 우수한 인재를 효과적으로 확보할 필요성이 생겼다. 이에 삼성은 2015년 하반기 공채부터 시험 위주의 획일적 채용방식을 직군별로 다양화하는 방향으로 채용제도를 개편했다. 이와 더불어 SSAT(국내)와 GSAT(해외)로 혼재되어 사용하던 삼성 직무적성검사의 명칭을 GSAT(Global Samsung Aptitude Test)로 통일시켰다.

실제 삼성 직무적성검사 기출문제를 살펴보면 평소 꾸준히 준비하지 않으면 쉽게 통과할 수 없도록 구성되어 있다. 더군다나 입사 경쟁이 날이 갈수록 치열해지는 요즘과 같은 상황에서는 이에 대한 더욱 철저한 준비가 요구된다. '철저한 준비'는 단지 입사를 위해서뿐만 아니라 성공적인 직장생활을 위해서도 필수적이다.

이에 시대에듀는 수험생들이 GSAT에 대한 '철저한 준비'를 할 수 있도록 다음과 같이 교재를 구성하였으며, 이를 통해 단기에 성적을 올릴 수 있는 학습법을 제시하였다.

도서의 특징

❶ 수리와 추리 총 2개의 출제영역으로 구성된 모의고사 4회분을 수록하여 매일 1회씩 풀며 시험 전 4일 동안 자신의 실력을 최종적으로 점검할 수 있도록 하였다.

❷ 전 회차에 도서 동형 온라인 실전연습 서비스를 제공하여 실제로 온라인 시험에 응시하는 것처럼 연습할 수 있도록 하였다.

❸ 온라인 모의고사 2회분을 더해 부족한 부분을 추가적으로 학습할 수 있도록 하였다.

끝으로 본서가 삼성 채용을 준비하는 여러분 모두에게 합격의 기쁨을 전달하기를 진심으로 바란다.

SDC(Sidae Data Center) 씀

◇ **경영철학과 목표**

1. 인재와 기술을 바탕으로

- 인재 육성과 기술 우위 확보를 경영 원칙으로 삼는다.
- 인재와 기술의 조화를 통하여 경영 시스템 전반에 시너지 효과를 증대한다.

2. 최고의 제품과 서비스를 창출하여

- 고객에게 최고의 만족을 줄 수 있는 제품과 서비스를 창출한다.
- 동종업계에서 세계 1군의 위치를 유지한다.

3. 인류사회에 공헌한다.

- 인류의 공동이익과 풍요로운 삶을 위해 기여한다.
- 인류 공동체 일원으로서의 사명을 다한다.

◇ **핵심가치**

인재제일	'기업은 사람이다.'라는 신념을 바탕으로 인재를 소중히 여기고 마음껏 능력을 발휘할 수 있는 기회의 장을 만들어 간다.
최고지향	끊임없는 열정과 도전정신으로 모든 면에서 세계 최고가 되기 위해 최선을 다한다.
변화선도	변화하지 않으면 살아남을 수 없다는 위기의식을 가지고 신속하고 주도적으로 변화와 혁신을 실행한다.
정도경영	곧은 마음과 진실되고 바른 행동으로 명예와 품위를 지키며 모든 일에 있어서 항상 정도를 추구한다.
상생추구	우리는 사회의 일원으로서 더불어 살아간다는 마음을 가지고 지역사회, 국가, 인류의 공동 번영을 위해 노력한다.

◇ **경영원칙**

법과 윤리적 기준을 준수한다.

- 개인의 존엄성과 다양성을 존중한다.
- 법과 상도의에 따라 공정하게 경쟁한다.
- 정확한 회계기록을 통해 회계의 투명성을 유지한다.
- 정치에 개입하지 않으며 중립을 유지한다.

깨끗한 조직 문화를 유지한다.

- 모든 업무활동에서 공과 사를 엄격히 구분한다.
- 회사와 타인의 지적 재산을 보호하고 존중한다.
- 건전한 조직 분위기를 조성한다.

고객, 주주, 종업원을 존중한다.

- 고객만족을 경영활동의 우선적 가치로 삼는다.
- 주주가치 중심의 경영을 추구한다.
- 종업원의 '삶의 질' 향상을 위해 노력한다.

환경·안전·건강을 중시한다.

- 환경친화적 경영을 추구한다.
- 인류의 안전과 건강을 중시한다.

기업 시민으로서 사회적 책임을 다한다.

- 기업 시민으로서 지켜야 할 기본적 책무를 성실히 수행한다.
- 사업 파트너와 공존공영의 관계를 구축한다.
- 현지의 사회·문화적 특성을 존중하고 공동 경영(상생/협력)을 실천한다.

신입사원 채용 안내 INFORMATION

◇ **모집시기**

❶ 계열사별 특성에 맞게 인력소요가 생길 경우에 한해 연중 상시로 진행하고 있다.

❷ 계열사별로 대규모 인력이 필요한 경우에는 별도의 공고를 통해 모집한다.

◇ **지원방법**

❶ 삼성채용 홈페이지(www.samsungcareers.com)에 접속한 후 로그인하여 상단 카테고리 「채용공고」를 클릭한다.

❷ 계열사별 채용공고에 따라 지원서를 작성하여 접수기간 내에 제출한다.

❸ 이후 해당 계열사의 안내에 따라 전형 절차에 응시한다.

◇ **채용절차**

| 지원서 작성 | 직무적합성평가 | GSAT | 면접전형 | 건강검진 | 최종합격 |

❖ 채용절차는 채용유형, 채용직무, 채용시기 등에 따라 변동될 수 있으므로 반드시 발표되는 채용공고를 확인하기 바랍니다.

온라인 시험 Tip TEST TIP

◇ 온라인 GSAT 패스 팁!
❶ 오답은 감점 처리되므로 확실하게 푼 문제만 답을 체크하고 나머지는 그냥 둔다.
❷ 풀고자 하는 문제 번호를 검색하면 해당 문제로 바로 갈 수 있다. 페이지를 마우스 클릭으로 일일이 넘기지 않아도 된다.
❸ 온라인 시험에서는 풀이를 직접 양면으로 프린트한 문제풀이 용지에 작성하고 정답은 화면에서 체크해야 하므로 문제를 풀고 정답을 바로바로 체크하는 연습이 필요하다.
❹ 풀이가 작성된 문제풀이 용지는 시험 직후 제출해야 하며 부정행위가 없었는지 확인하는 데에 사용된다.

◇ 필수 준비물
❶ 타인과 접촉이 없으며 원활한 네트워크 환경이 조성된 응시 장소
❷ 권장 사양에 적합한 PC, 스마트폰 및 주변 기기(웹캠, 마이크, 스피커, 키보드, 마우스)
❸ 신분증(주민등록증, 운전면허증, 여권, 외국인등록증 중 택 1)

◇ 유의사항
❶ 시험시간 최소 20분 전에 접속 완료해야 한다.
❷ 응시 환경 확인 시간 이후 자리 이탈은 금지된다.
❸ 촬영 화면 밖으로 손이나 머리가 나가면 안 된다.
❹ 시험 문제를 메모하거나 촬영하는 행위는 금지된다.
❺ 외부 소음이 나면 시험이 중지될 수 있다.
❻ 거울, 화이트보드, CCTV가 있는 장소에서는 응시가 불가능하다.

◇ 부정행위
❶ 신분증 및 증빙서류를 위·변조하여 검사를 치르는 행위
❷ 대리 시험을 의뢰하거나 대리로 검사에 응시하는 행위
❸ 문제를 메모 또는 촬영하는 행위
❹ 문제의 일부 또는 전부를 유출하거나 외부에 배포하는 행위
❺ 타인과 답을 주고받는 행위

학습플랜 STUDY PLAN

1일 차 기출응용 모의고사

_____월 _____일

수리	추리

2일 차 기출응용 모의고사

_____월 _____일

수리	추리

3일 차 학습플랜 ── 3일 차 기출응용 모의고사

_____월 _____일	
수리	추리

4일 차 학습플랜 ── 4일 차 기출응용 모의고사

_____월 _____일	
수리	추리

취약영역 분석 WEAK POINT

1일 차 취약영역 분석

시작 시간	:	종료 시간	:
풀이 개수	개	못 푼 개수	개
맞힌 개수	개	틀린 개수	개
취약영역 / 유형			
2일 차 대비 개선점			

2일 차 취약영역 분석

시작 시간	:	종료 시간	:
풀이 개수	개	못 푼 개수	개
맞힌 개수	개	틀린 개수	개
취약영역 / 유형			
3일 차 대비 개선점			

3일 차 취약영역 분석

시작 시간	:	종료 시간	:
풀이 개수	개	못 푼 개수	개
맞힌 개수	개	틀린 개수	개
취약영역 / 유형			
4일 차 대비 개선점			

4일 차 취약영역 분석

시작 시간	:	종료 시간	:
풀이 개수	개	못 푼 개수	개
맞힌 개수	개	틀린 개수	개
취약영역 / 유형			
시험일 대비 개선점			

이 책의 차례 CONTENTS

1일 차
기출응용 모의고사

⟨문항 수 및 시험시간⟩

삼성 온라인 GSAT		
영역	문항 수	영역별 제한시간
수리	20문항	30분
추리	30문항	30분

1일 차 기출응용 모의고사

| 문항 수 : 50문항 |
| 시험시간 : 60분 |

제1영역 수리

01 S중학교의 올해 남학생과 여학생의 수는 작년보다 남학생은 36명 증가하고, 여학생은 5% 감소하여 전체적으로 4% 증가하였다. 작년의 전체 학생 수를 600명이라고 할 때, 올해 여학생 수는 몇 명인가?

① 228명   ② 240명

③ 360명   ④ 396명

⑤ 412명

02 S사는 전 직원을 대상으로 유연근무제에 대한 찬반투표를 진행하였다. 그 결과 전체 직원의 80%가 찬성하였고, 20%는 반대하였다. 전 직원의 40%는 여직원이고, 유연근무제에 찬성한 직원의 70%는 남직원이었다. 여직원 한 명을 뽑았을 때, 이 직원이 유연근무제에 찬성했을 확률은?(단, 모든 직원은 찬성이나 반대의 의사표시를 하였다)

① $\dfrac{1}{5}$ ② $\dfrac{2}{5}$

③ $\dfrac{3}{5}$ ④ $\dfrac{4}{6}$

⑤ $\dfrac{5}{6}$

03 다음은 어떤 자격증의 남성과 여성 응시 인원 및 합격 인원수에 대한 자료이다. 이 자격증의 전체 인원의 합격률은?

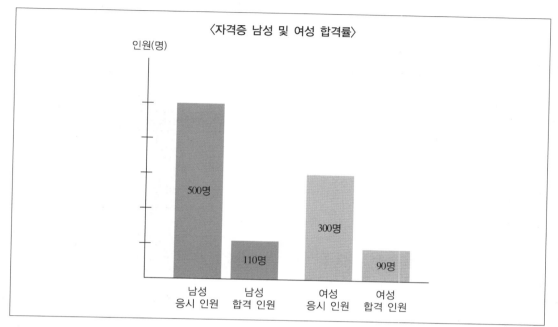

① 20%

② 22%

③ 25%

④ 28%

⑤ 30%

04 국내의 유통업체 S사는 몽골 시장으로 진출하기 위해 현지에 진출해 있는 기업들이 경험한 진입 장벽에 대하여 다음과 같이 조사하였다. 이에 대한 설명으로 옳은 것은?

S사는 몽골 시장의 진입 장벽에 해당하는 주요 요인 4가지를 선정하였고, 현지 진출 기업들은 경험을 바탕으로 요인별로 0 ~ 10점 사이의 점수를 부여하였다.

〈진출 기업 업종별 몽골 시장 진입 장벽〉

(단위 : 점)

구분	몽골 기업의 시장 점유율	초기 진입 비용	현지의 엄격한 규제	문화적 이질감
유통업	7	5	9	2
제조업	5	3	8	4
서비스업	4	2	6	8
식·음료업	6	7	5	6

※ 점수가 높을수록 해당 요인이 강력한 진입 장벽으로 작용함

① 유통업의 경우, 타 업종에 비해 높은 초기 진입 비용이 강력한 진입 장벽으로 작용한다.
② S사의 경우, 현지의 엄격한 규제가 몽골 시장의 진입을 방해하는 요소로 작용할 가능성이 크다.
③ 제조업의 경우, 타 업종에 비해 높은 몽골 기업의 시장 점유율이 강력한 진입 장벽으로 작용한다.
④ 문화적 이질감이 가장 강력한 진입 장벽으로 작용하는 업종은 식·음료업이다.
⑤ 서비스업의 경우, 타 업종에 비해 시장으로의 초기 진입 비용이 가장 많이 든다.

05 다음은 S회사에서 만든 기계제품의 가격을 연도별로 표시한 것이다. 이에 대한 설명으로 옳지 않은 것은?

〈연도별 기계제품의 가격〉

(단위 : 만 원)

구분	2020년	2021년	2022년	2023년	2024년
가격	200	230	215	250	270
재료비	105	107	99	110	115
인건비	55	64	72	85	90
수익	40	59	44	55	65

① 제품의 가격 증가율은 2024년도에 가장 크다.
② 재료비의 증가폭이 가장 큰 해에는 제품 가격 증가폭도 가장 크다.
③ 제품의 원가에서 인건비는 꾸준히 증가하였다.
④ 2022 ~ 2024년에 재료비와 인건비의 증감 추이는 같다.
⑤ 2020 ~ 2024년에 재료비와 수익의 증감 추이는 같다.

06 다음은 카페 판매음료에 대한 연령별 선호도를 조사한 자료이다. 이에 대한 〈보기〉의 설명 중 옳은 것을 모두 고르면?

〈연령별 카페 판매음료 선호도〉

(단위 : %)

구분	20대	30대	40대	50대
아메리카노	42	47	35	31
카페라테	8	18	28	42
카페모카	13	16	2	1
바닐라라테	9	8	11	3
핫초코	6	2	3	1
에이드	3	1	1	1
아이스티	2	3	4	7
허브티	17	5	16	14

─〈보기〉─

ㄱ. 연령대가 높아질수록 아메리카노에 대한 선호율은 낮아진다.

ㄴ. 아메리카노와 카페라테의 선호율 차이가 가장 적은 연령대는 40대이다.

ㄷ. 20대와 30대의 선호율 하위 3개 메뉴는 동일하다.

ㄹ. 40대와 50대의 선호율 상위 2개 메뉴가 전체 선호율의 70% 이상이다.

① ㄱ, ㄴ   ② ㄱ, ㄹ

③ ㄴ, ㄷ   ④ ㄴ, ㄹ

⑤ ㄷ, ㄹ

07 다음은 2024년 월별 공항철도 여객수송실적을 나타낸 자료이다. 이에 대한 설명으로 옳은 것은?

〈2024년 월별 공항철도 여객수송실적〉

(단위 : 만 명)

월	수송인원	승차인원	유입인원
1월	582	284	290
2월	550	270	( )
3월	633	302	330
4월	623	300	322
5월	653	315	338
6월	636	310	325
7월	643	316	326
8월	( )	310	360
9월	633	285	348
10월	687	304	382
11월	670	( )	380
12월	690	301	390

※ 유입인원 : 다른 철도를 이용하다가 공항철도로 환승하여 최종 종착지에 내린 승객의 수

※ (수송인원)=(승차인원)+(유입인원)

① 2024년 공항철도의 수송인원은 매월 증가하고 있다.
② 2024년 3분기 공항철도 총 수송인원은 1,950만 명 이상이다.
③ 2월 공항철도 유입인원은 1월에 비해 10만 명 감소하였다.
④ 11월은 승차인원이 가장 적은 달로, 6월보다 18만 명 더 적었다.
⑤ 8월은 수송인원이 가장 많았던 달로, 12월보다 20만 명 더 많았다.

※ 다음은 S기업의 하청업체 300개사를 대상으로 실시한 개선필요사항에 대한 조사 결과이다. 이어지는 질문에 답하시오. [8~9]

S기업은 하청업체 300개사를 생산 분야에 따라 세 가지로 분류하여 업체들이 S기업에게 요구하는 개선필요사항을 조사하였다. 각 하청업체는 개선이 필요하다고 생각하는 사항을 한 가지 또는 두 가지를 선택하였다.

〈S기업 하청업체 대상 개선필요사항 조사 결과〉

(단위 : 개)

개선필요사항 \ 생산 분야	낸드플래시	DRAM	기타
하청단계별 업무범위 명확화	13	9	23
납품기한의 변동성 완화	55	48	22
납품단가 변동사유 구체화	35	44	15
파견 직원 처우개선	28	22	6
일방적인 계약내용 결정	40	34	12
비상시 대응인력 지원	6	7	4
기타	2	2	3

08 다음 중 위 자료에 대한 설명으로 옳지 않은 것은?

① 세 가지 생산 분야 모두 개선필요사항에 기타로 응답한 하청업체의 수가 가장 적다.
② S기업의 하청업체 중 낸드플래시 생산 분야의 하청업체의 수가 가장 많다.
③ 파견 직원의 처우개선을 개선필요사항으로 응답한 업체 수 중 DRAM 생산 분야의 하청업체 수는 낸드플래시 생산 분야의 하청업체 수보다 적다.
④ 개선필요사항 항목 중에서 납품기한의 변동을 줄여야 한다고 응답한 하청업체의 수가 가장 많다.
⑤ 총 130개의 하청업체가 개선필요사항 조사에 복수응답을 하였다.

09 다음 중 조사 결과에 따라 추론한 것으로 옳지 않은 것을 〈보기〉에서 모두 고르면?

─〈보기〉─
ㄱ. S기업은 낸드플래시 생산에 있어서 하청단계별 업무범위를 명확히 하는 것이 가장 시급하다.
ㄴ. S기업은 DRAM 생산에 있어서 납품기한의 정정을 줄이기 위해 생산계획 단계에서부터 대응성을 높일 필요가 있다.
ㄷ. S기업의 낸드플래시 생산 분야와 DRAM 생산 분야의 하청업체 수는 동일하다.

① ㄱ   ② ㄴ
③ ㄱ, ㄷ   ④ ㄴ, ㄷ
⑤ ㄱ, ㄴ, ㄷ

※ 다음은 S사의 차량기지 견학 안전체험 현황이다. 이어지는 질문에 답하시오. [10~11]

〈차량기지 견학 안전체험 건수 및 인원 현황〉

(단위 : 건, 명)

구분	2020년		2021년		2022년		2023년		2024년	
	건수	인원	건수	인원	건수	인원	건수	인원	건수	인원
고덕	24	611	36	897	33	660	21	436	17	321
도봉	30	644	31	761	24	432	28	566	25	336
방화	64	900	ⓒ	978	51	978	ⓔ	404	29	520
신내	49	650	49	512	31	388	17	180	25	390
천왕	68	ⓐ	25	603	32	642	30	566	29	529
모란	37	766	27	643	31	561	20	338	22	312
합계	272	4,437	241	4,394	ⓑ	3,661	145	2,490	ⓓ	2,408

10 다음 중 위 자료의 빈칸에 들어갈 수치가 바르게 연결된 것은?

① ㉠ - 846
② ㉡ - 75
③ ㉢ - 213
④ ㉣ - 29
⑤ ㉤ - 145

11 위 자료에 대한 〈보기〉의 설명 중 옳은 것을 모두 고르면?

〈보기〉

ㄱ. 방화 차량기지 견학 안전체험 건수는 2021년부터 2024년까지 전년 대비 매년 감소하였다.
ㄴ. 2022년 고덕 차량기지의 안전체험 건수 대비 인원수는 도봉 차량기지의 안전체험 건수 대비 인원수보다 크다.
ㄷ. 2021년부터 2023년까지 고덕 차량기지의 전년 대비 안전체험 건수의 증감추이는 인원수의 증감추이와 동일하다.
ㄹ. 신내 차량기지의 안전체험 인원수는 2020년 대비 2024년에 50% 이상 감소하였다.

① ㄱ, ㄴ
② ㄱ, ㄷ
③ ㄴ, ㄷ
④ ㄴ, ㄹ
⑤ ㄷ, ㄹ

※ 다음은 2024년 지역별 상수도 민원 건수에 대한 자료이다. 이어지는 질문에 답하시오. **[12~13]**

〈지역별 상수도 민원건수〉

(단위 : 건)

구분	민원내용				
	낮은 수압	녹물	누수	냄새	유충
서울특별시	554	682	102	244	118
경기도	110	220	70	130	20
대구광역시	228	327	87	360	64
인천광역시	243	469	183	382	72
부산광역시	248	345	125	274	68
강원도	65	81	28	36	7
대전광역시	133	108	56	88	18
광주광역시	107	122	87	98	11
울산광역시	128	204	88	107	16
제주특별자치도	12	76	21	20	3
세종특별자치시	47	62	41	32	9

12 위 자료에 대한 〈보기〉의 설명 중 옳은 것을 모두 고르면?

─────〈보기〉─────

ㄱ. 경기도의 민원건수 중 35%는 녹물에 대한 것이다.
ㄴ. 대구광역시의 냄새에 대한 민원건수는 강원도의 10배이고, 제주특별자치도의 18배이다.
ㄷ. 세종특별자치시와 대전광역시의 민원내용별 민원건수의 합계는 부산광역시보다 작다.
ㄹ. 수도권에서 가장 많은 민원은 녹물에 대한 것이고, 가장 적은 민원은 유충에 대한 것이다.

① ㄱ, ㄴ
② ㄱ, ㄷ
③ ㄱ, ㄹ
④ ㄴ, ㄷ
⑤ ㄴ, ㄹ

13 다음 중 위 자료를 보고 나타낼 수 없는 그래프는?

① 수도권과 수도권 외 지역 상수도 민원건수 발생 현황
② 광역시의 녹물 민원건수 발생 현황
③ 수도권 전체 민원건수 중 녹물에 대한 민원 비율
④ 지역별 민원건수 구성비
⑤ 지역별 유충 발생건수 현황

※ 다음은 위험물안전관리자 선임 현황이다. 이어지는 질문에 답하시오. **[14~15]**

〈위험물안전관리자 선임 현황〉

구분	2023년		2024년	
	제조소(개)	선임자(명)	제조소(개)	선임자(명)
서울특별시	262	335	256	334
부산광역시	307	249	302	211
대구광역시	171	125	155	144
인천광역시	328	283	315	296
광주광역시	119	95	117	82
대전광역시	137	95	135	90
울산광역시	763	290	697	309
세종특별자치시	65	37	65	33
경기도	895	688	850	675
강원도	458	292	439	285
충청북도	571	464	585	350
충청남도	758	410	760	376
전라북도	483	288	434	299
전라남도	858	405	830	406
경상북도	746	522	758	534
경상남도	587	327	586	337
제주특별자치도	134	109	130	105
합계	7,642	5,014	7,414	4,866

14 2023년에 위험물안전관리자 선임자 수가 가장 많은 행정구역과 가장 적은 행정구역의 선임자 수의 차이는?

① 634명
② 638명
③ 645명
④ 649명
⑤ 651명

15 위 자료에 대한 〈보기〉의 설명 중 옳지 않은 것을 모두 고르면?

─〈보기〉─

ㄱ. 제조소 수가 500개 이상인 행정구역의 수는 2023년과 2024년이 동일하다.
ㄴ. 2023년과 2024년에 제조소 수가 가장 많은 행정구역은 동일하다.
ㄷ. 2024년에 제조소 수가 세 번째로 적은 행정구역은 대전광역시이다.

① ㄱ
② ㄷ
③ ㄱ, ㄴ
④ ㄴ, ㄷ
⑤ ㄱ, ㄴ, ㄷ

※ 다음은 연령대 및 성별 소득에서 주식투자가 차지하는 비율을 조사한 자료이다. 이어지는 질문에 답하시오.
[16~17]

<연령대 및 성별 소득 대비 주식 투자 비율>

구분		비율	구분		비율
20대	전체	30%	50대	전체	10%
	남성	34%		남성	18%
	여성	22%		여성	4%
30대	전체	25%	60대	전체	5%
	남성	37%		남성	11%
	여성	18%		여성	2%
40대	전체	20%			
	남성	26%			
	여성	10%			

16 위 자료에 대한 〈보기〉의 설명 중 옳은 것을 모두 고르면?

┌─────────────〈보기〉─────────────
│ ㄱ. 남성의 소득 대비 주식 투자 비율은 연령대가 높아질수록 낮아지고 있다.
│ ㄴ. 남성과 여성의 소득 대비 주식 투자 비율의 차이가 가장 큰 연령대는 30대이고, 가장 작은 연령대는 60
│   대이다.
│ ㄷ. 전체 20대의 소득 대비 주식 투자 비율은 60대의 5배이다.
└───────────────────────────────

① ㄴ   ② ㄷ
③ ㄱ, ㄴ   ④ ㄱ, ㄷ
⑤ ㄴ, ㄷ

17 다음은 조사대상자의 연령대별 평균 연소득을 나타낸 표이다. 위의 자료를 참고할 때, 표의 ㉠ ~ ㉤을 큰
순서대로 바르게 나열한 것은?

<조사대상자의 연령대별 평균 연소득>

구분	20대	30대	40대	50대	60대
평균 연소득(만 원)	3,200	5,000	6,500	8,800	9,000
주식투자금(만 원)	㉠	㉡	㉢	㉣	㉤

① ㉠ - ㉡ - ㉢ - ㉣ - ㉤   ② ㉡ - ㉠ - ㉢ - ㉣ - ㉤
③ ㉡ - ㉢ - ㉠ - ㉣ - ㉤   ④ ㉢ - ㉠ - ㉡ - ㉣ - ㉤
⑤ ㉢ - ㉡ - ㉠ - ㉣ - ㉤

18 다음은 2020년부터 2024년까지 연도별 동물찾길 사고를 나타낸 자료이다. 이를 참고하여 그래프로 나타낸 것으로 옳지 않은 것은?(단, 모든 그래프의 단위는 '건'이다)

〈연도별 동물찾길 사고〉

(단위 : 건)

구분	1월	2월	3월	4월	5월	6월	7월	8월	9월	10월	11월	12월
2020년	94	55	67	224	588	389	142	112	82	156	148	190
2021년	85	55	62	161	475	353	110	80	74	131	149	149
2022년	78	37	61	161	363	273	123	67	69	95	137	165
2023년	57	43	69	151	376	287	148	63	70	135	86	76
2024년	60	40	44	112	332	217	103	66	51	79	79	104

※ 1분기(1 ～ 3월), 2분기(4 ～ 6월), 3분기(7 ～ 9월), 4분기(10 ～ 12월)

① 1 ～ 6월 5개년 합

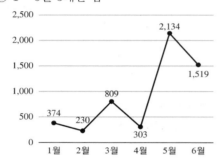

② 7 ～ 12월 5개년 합

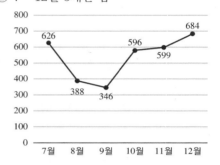

③ 연도별 건수 합

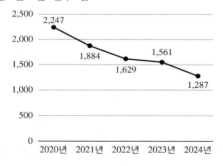

④ 연도별 1분기 합

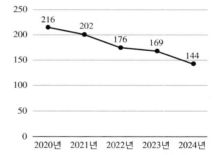

⑤ 연도별 3분기 합

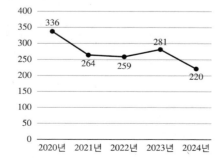

19 하노이의 탑의 원판 개수에 따른 원판의 최소 이동 횟수가 다음과 같은 규칙을 보일 때, 원판 8개를 이동시킬 때의 최소 이동 횟수는?

<원판의 최소 이동 횟수>

(단위 : 회)

원판 개수	1	2	3	4	5
최소 이동 횟수	1	3	7	15	31

① 127회
② 255회
③ 511회
④ 1,023회
⑤ 2,047회

20 다음은 S기업의 판매 점포 수별 영업이익을 나타낸 자료이다. 점포 수에 대한 자료와 영업이익의 관계를 나타낸 식이 다음과 같을 때, ㉠에 들어갈 숫자는?

점포 수(개)	1	6	8
영업이익(억 원)	1.25	㉠	528

※ (영업이익) $= \left[\dfrac{(점포 수)}{a}\right]^2 + (점포 수)^b$

① 128
② 225
③ 256
④ 384
⑤ 512

※ 제시된 명제가 모두 참일 때, 다음 중 빈칸에 들어갈 명제로 가장 적절한 것을 고르시오. **[1~3]**

01

전제1. 문제를 빠르게 푸는 사람은 집중력이 좋다.
전제2. 침착하지 않은 사람은 집중력이 좋지 않다.
결론. _____

① 집중력이 좋으면 문제를 빠르게 푸는 사람이다.
② 집중력이 좋으면 침착한 사람이다.
③ 집중력이 좋지 않으면 문제를 빠르게 푸는 사람이 아니다.
④ 문제를 빠르게 푸는 사람은 침착한 사람이다.
⑤ 침착한 사람은 집중력이 좋은 사람이다.

02

전제1. 어떤 집은 낙서가 되어 있다.
전제2. 낙서가 되어 있는 것은 대부분 벽지이고, 낙서가 있는 모든 벽지는 분홍색이다.
결론. _____

① 모든 집은 분홍색이다.
② 분홍색인 것은 모두 집이다.
③ 분홍색 벽지의 어떤 집은 벽에 낙서가 되어 있다.
④ 낙서가 되어 있는 것은 모두 벽지이다.
⑤ 어떤 벽지로 되어 있는 것은 분홍색이 아니다.

03

전제1. 디자인팀의 팀원은 모두 포토샵 자격증을 가지고 있다.
전제2. _____
결론. 컴퓨터 활용능력 자격증을 가지고 있지 않은 사람은 디자인팀이 아니다.

① 디자인팀이 아닌 사람은 컴퓨터 활용능력 자격증을 가지고 있다.
② 컴퓨터 활용능력 자격증을 가지고 있는 사람은 포토샵 자격증을 가지고 있다.
③ 디자인팀이 아닌 사람은 포토샵 자격증을 가지고 있지 않다.
④ 컴퓨터 활용능력 자격증을 가지고 있지 않은 사람은 포토샵 자격증을 가지고 있다.
⑤ 컴퓨터 활용능력 자격증을 가지고 있지 않은 사람은 포토샵 자격증을 가지고 있지 않다.

04 S사에서는 이번 주 월~금 건강검진을 실시한다. 서로 요일이 겹치지 않도록 하루를 선택하여 건강검진을 받아야 할 때, 다음 중 반드시 참인 것은?

- 이사원은 최사원보다 먼저 건강검진을 받는다.
- 김대리는 최사원보다 늦게 건강검진을 받는다.
- 박과장의 경우 금요일에는 회의로 인해 건강검진을 받을 수 없다.
- 이사원은 월요일 또는 화요일에 건강검진을 받는다.
- 홍대리는 수요일에 출장을 가므로 수요일 이전에 건강검진을 받아야 한다.
- 이사원은 홍대리보다는 늦게, 박과장보다는 먼저 건강검진을 받는다.

① 홍대리는 월요일에 건강검진을 받는다.
② 박과장은 수요일에 건강검진을 받는다.
③ 최사원은 목요일에 건강검진을 받는다.
④ 최사원은 박과장보다 먼저 건강검진을 받는다.
⑤ 박과장은 최사원보다 먼저 건강검진을 받는다.

05 다음 〈조건〉을 만족할 때 추론할 수 있는 것으로 옳은 것은?

―〈조건〉―
- 희정이는 세영이보다 낮은 층에 산다.
- 세영이는 은솔이보다 높은 층에 산다.
- 은솔이는 희진이 옆집에 산다.

① 세영이는 희진이보다 높은 층에 산다.
② 희진이는 희정이보다 높은 층에 산다.
③ 은솔이는 희정이보다 높은 층에 산다.
④ 세영이가 가장 낮은 층에 산다.
⑤ 희정이가 가장 낮은 층에 산다.

06 철수는 종합병원에 방문했다. 오늘 철수는 A과, B과, C과 모두 진료를 받아야 하는데, 가장 빠르게 진료를 받을 수 있는 경로는?

- 모든 과의 진료와 예약은 오전 9시 시작이다.
- 모든 과의 점심시간은 오후 12시 30분부터 1시 30분이다.
- A과와 C과는 본관에 있고, B과는 별관동에 있으며 본관과 별관동 이동에는 셔틀로 약 30분이 소요되며, 점심시간에는 셔틀이 운행하지 않는다.
- A과는 오전 10시부터 오후 3시까지만 진료를 한다.
- B과는 점심시간 후에 사람이 몰려 약 1시간의 대기시간이 필요하다.
- A과 진료는 단순 진료로 30분 정도 소요될 예정이다.
- B과 진료는 치료가 필요하여 1시간 정도 소요될 예정이다.
- C과 진료는 정밀 검사가 필요하여 2시간 정도 소요될 예정이다.
※ 주어진 조건 외는 고려하지 않음

① A – B – C
② A – C – B
③ B – C – A
④ C – A – B
⑤ C – B – A

07 한 베이커리에서는 우유식빵, 밤식빵, 옥수수식빵, 호밀식빵을 납품하기로 한 단체 4곳(가 ~ 라)에 한 종류씩 납품한다. 다음 〈조건〉을 참고할 때, 반드시 참인 것은?

─〈조건〉─
- 한 단체에 납품하는 빵은 종류가 겹치지 않도록 한다.
- 우유식빵과 밤식빵은 가에 납품된 적이 있다.
- 옥수수식빵과 호밀식빵은 다에 납품된 적이 있다.
- 옥수수식빵은 라에 납품된다.

① 우유식빵은 나에도 납품된 적이 있다.
② 옥수수식빵은 가에도 납품된 적이 있다.
③ 호밀식빵은 가에 납품될 것이다.
④ 우유식빵은 다에 납품된 적이 있다.
⑤ 호밀식빵은 라에도 납품된 적이 있다.

08 S사의 TV광고 모델에 지원한 A ~ G의 7명 중에서 2명이 선발되었다. 누가 선발되었는가에 대하여 5명이 다음과 같이 진술하였다. 이 중 3명의 진술만 옳을 때, 반드시 선발되는 사람은?

- A, B, G는 모두 탈락하였다.
- E, F, G는 모두 탈락하였다.
- C와 G 중에서 1명만 선발되었다.
- A, B, C, D 중에서 1명만 선발되었다.
- B, C, D 중에서 1명만 선발되었고, D, E, F 중에서 1명만 선발되었다.

① A
② C
③ D
④ E
⑤ G

09 이번 주까지 A가 해야 하는 일들은 총 9가지(a ~ i)가 있고, 일주일 동안 월요일부터 매일 하나의 일을 한다. 다음 〈조건〉을 참고하여 A가 토요일에 하는 일이 b일 때, 화요일에 하는 일은?

─〈조건〉─
- 9개의 할 일 중에서 e와 g는 하지 않는다.
- d를 c보다 먼저 수행한다.
- c는 f보다 먼저 수행한다.
- i는 a와 f보다 나중에 수행한다.
- h는 가장 나중에 수행한다.
- a는 c보다 나중에 진행한다.

① a
② c
③ d
④ f
⑤ I

10 경순, 민경, 정주는 여름 휴가를 맞이하여 대만, 제주도, 일본 중 각각 한 곳으로 여행을 가기로 했다. 숙소는 게스트하우스 혹은 호텔에서 숙박할 수 있다고 할 때, 다음에 근거하여 민경이의 여름 휴가 장소와 숙박 장소를 바르게 추론한 것은?(단, 세 사람 모두 이미 한번 다녀온 곳으로는 휴가를 가지 않는다)

- 제주도의 호텔은 예약이 불가하여, 게스트하우스에서만 숙박할 수 있다.
- 호텔이 아니면 잠을 못 자는 경순이는 호텔을 가장 먼저 예약했다.
- 여행 갈 때마다 호텔에 숙박했던 정주는 이번 여행은 게스트하우스를 예약했다.
- 대만으로 여행 가는 사람은 앱 할인으로 호텔에 숙박한다.
- 작년에 정주는 제주도와 대만을 다녀왔다.

① 제주도 – 게스트하우스 ② 대만 – 게스트하우스
③ 제주도 – 호텔 ④ 일본 – 호텔
⑤ 대만 – 호텔

11 S사에서는 옥상 정원을 조성하기 위해, 나무를 4줄로 심으려고 한다. 각 줄에 두 종류의 나무를 심을 때, 다음에 근거하여 바르게 추론한 것은?

- 은행나무는 가장 앞줄에 있다.
- 소나무와 감나무는 같은 줄에 있고, 느티나무의 바로 앞줄이다.
- 밤나무는 가장 뒷줄에 있다.
- 플라타너스는 감나무와 벚나무의 사이에 있다.
- 단풍나무는 소나무보다는 앞줄에 있지만, 벚나무보다는 뒤에 있다.

① 은행나무는 느티나무와 같은 줄에 있다.
② 벚나무는 첫 번째 줄에 있다.
③ 단풍나무는 플라타너스 옆에 있으며 세 번째 줄이다.
④ 플라타너스보다 뒤에 심은 나무는 없다.
⑤ 벚나무보다 뒤에 심어진 나무는 4종류이다.

12 S사의 비품실에는 6개 층으로 된 선반이 있고, 규칙에 따라 항상 선반의 정해진 층에 회사 비품을 정리한다고 할 때, 다음에 근거하여 바르게 추론한 것은?

- 선반의 홀수 층에는 두 개의 물품을 두고, 짝수 층에는 하나만 둔다.
- 간식은 2층 선반에 위치한다.
- 볼펜은 간식보다 아래층에 있다.
- 보드마카와 스테이플러보다 위층에 있는 물품은 한 개이다.
- 믹스커피와 종이컵은 같은 층에 있으며 간식의 바로 위층이다.
- 화장지와 종이 사이에는 두 개의 물품이 위치하며, 화장지가 종이 위에 있다.
- 볼펜 옆에는 메모지가 위치한다.

① 종이 아래에 있는 물품은 5가지이며, 그중 하나는 종이컵이다.
② 보드마카 위에는 간식이 위치한다.
③ 간식과 종이컵 사이에는 메모지가 있다.
④ 화장지는 4층에, 종이는 3층에 있다.
⑤ 메모지보다 아래층에 있는 물품은 2가지이다.

13 S기업은 인사팀, 영업팀, 홍보팀, 기획팀, 개발팀, 디자인팀의 신입사원 20명을 대상으로 보고서 작성 교육과 사내 예절 교육을 실시하였다. 주어진 〈조건〉이 다음과 같을 때, 교육에 참석한 홍보팀 신입사원은 모두 몇 명인가?

───────〈조건〉───────
- 보고서 작성 교육에 참석한 신입사원의 수는 총 14명이다.
- 영업팀 신입사원은 중요한 팀 회의로 인해 모든 교육에 참석하지 못했다.
- 인사팀 신입사원은 사내 예절교육에만 참석하였다.
- 디자인팀 신입사원의 인원 수는 인사팀 신입사원의 2배로 모든 교육에 참석하였다.
- 최다 인원 참석팀은 개발팀이고, 인사팀과 홍보팀의 사내 예절 교육 참석인원 합과 동일하다.
- 기획팀 신입사원의 수와 인사팀 신입사원의 수는 같다.
- 사내 예절교육에 참석한 팀은 총 다섯 팀으로 16명이 참석했다.

① 1명
② 2명
③ 3명
④ 4명
⑤ 5명

14 한 시상식에서 참여자 10명(a ~ j)의 좌석 배치표를 짜려고 한다. 다음 〈조건〉을 모두 만족하도록 배치표를 짜려고 할 때, 가장 적절한 것은?

〈조건〉

- 총 4개의 테이블이 있다.
- 테이블 당 각각 2명, 2명, 3명, 3명이 앉아야 한다.
- a와 c는 한 팀이므로 같은 테이블에 앉아야 한다.
- d는 e 또는 f 중 최소 한 명과는 같은 테이블에 있어야 한다.
- b와 j는 같은 테이블에 있어서는 안 된다.
- g는 3명이 있는 테이블에만 앉을 수 있다.
- h는 a와는 따로 앉고, g와는 같은 테이블에 앉아야 한다.

① (a, c), (d, f), (b, g, h), (e, i, j)
② (a, c), (d, g), (b, e, f), (h, I, j)
③ (b, i), (g, h), (a, c, d), (e, f, j)
④ (b, j), (d, e), (a, c, h), (f, g, i)
⑤ (c, e), (d, f), (a, b, i), (g, h, j)

15 연극 동아리 회원인 갑 ~ 무 5명은 얼마 남지 않은 연극 연습을 위해 동아리 회장으로부터 동아리 방의 열쇠를 빌렸으나, 얼마 뒤 이들 중 1명이 동아리 방의 열쇠를 잃어버렸다. 다음 대화에서 2명이 거짓말을 한다고 할 때, 열쇠를 잃어버린 사람은?

- 갑 : 나는 누군가가 회장에게 열쇠를 받는 것을 봤어. 난 열쇠를 갖고 있던 적이 없어.
- 을 : 나는 회장에게 열쇠를 받지 않았어. 열쇠를 잃어버린 사람은 정이야.
- 병 : 나는 마지막으로 무가 열쇠를 가지고 있는 것을 봤어. 무가 열쇠를 잃어버린 게 확실해.
- 정 : 갑과 을 중 한 명이 회장에게 열쇠를 받았고, 그중 1명이 열쇠를 잃어버렸어.
- 무 : 사실은 내가 열쇠를 잃어버렸어.

① 갑   ② 을
③ 병   ④ 정
⑤ 무

16

①

②

③

④

⑤

17

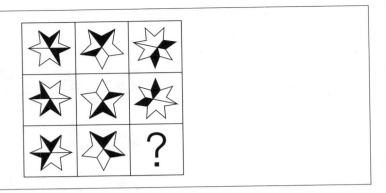

①

②

③

④

⑤

18

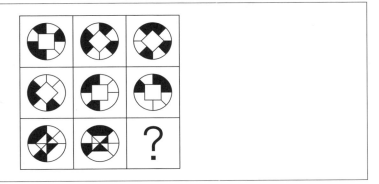

①

②

③

④

⑤

※ 다음 도식에서 기호들은 일정한 규칙에 따라 문자를 변화시킨다. 물음표에 들어갈 문자로 알맞은 것을 고르시오
  (단, 규칙은 가로와 세로 중 한 방향으로만 적용된다). **[19~22]**

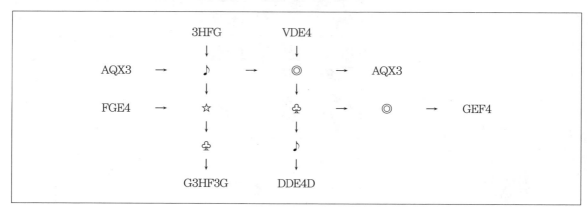

19

$$\text{MD4R} \rightarrow ♪ \rightarrow ?$$

① MD4RR   ② MMD4R

③ RD4M   ④ D4R

⑤ MD4

20

$$\text{HKLU} \rightarrow ☆ \rightarrow ◎ \rightarrow ?$$

① KLU   ② KLH

③ ULK   ④ KLUH

⑤ UKLH

21

$$SWQX \rightarrow ♣ \rightarrow ♪ \rightarrow ?$$

① SWQXS
② SWQXSS
③ SSWQXS
④ WWQX
⑤ XWQS

22

$$NB5R \rightarrow ♣ \rightarrow ☆ \rightarrow ◎ \rightarrow ?$$

① B5RN
② RB5N
③ N5RB
④ NB5RN
⑤ RNB5R

23

(가) 이에 따라 오픈뱅킹시스템의 기능을 확대하고, 보안성을 강화하기 위한 정책적 노력이 필요할 것으로 판단된다. 오픈뱅킹시스템이 금융 인프라로서 지속성, 안정성, 확장성 등을 가지기 위해서는 오픈뱅킹시스템에 대한 법적 근거가 필요하다. 법제화와 함께 오픈뱅킹시스템에서 발생할 수 있는 사고에 대한 신속하고 효율적인 해결 방안에 대해 이해관계자 간의 긴밀한 협의도 필요하다. 오픈뱅킹시스템의 리스크를 경감하고, 사고 발생 시 신속하고 효율적으로 해결하는 체계를 갖춰 소비자의 신뢰를 얻는 것이 오픈뱅킹시스템, 나아가 마이데이터업을 포함하는 오픈뱅킹의 성패를 좌우할 열쇠이기 때문이다.

(나) 우리나라 정책 당국도 은행뿐만 아니라 모든 금융회사가 보유한 정보를 개방하는 오픈뱅킹을 선도해서 추진하고 있다. 먼저 은행권과 금융결제원이 공동으로 구축한 오픈뱅킹시스템이 지난해 전면 시행되었다. 은행 및 핀테크 사업자는 오픈뱅킹시스템을 이용해 은행계좌에 대한 정보 조회와 은행계좌로부터의 이체 기능을 편리하게 개발하였다. 현재 저축은행 등의 제2금융권 계좌에 대한 정보 조회와 이체 기능을 추가하는 방안이 논의 중이다.

(다) 핀테크의 발전과 함께 은행이 보유한 정보를 개방하는 오픈뱅킹 정책이 각국에서 추진되고 있다. 오픈뱅킹은 은행이 보유한 고객의 정보에 해당 고객의 동의를 받아 다른 금융회사 및 핀테크 사업자 등 제3자가 접근할 수 있도록 허용하는 정부의 정책 또는 은행의 자발적인 활동을 의미한다.

(라) 한편 개정된 신용정보법이 시행됨에 따라 마이데이터 산업이 도입되었다. 마이데이터란 개인이 각종 기관과 기업에 산재하는 신용정보 등 자신의 개인정보를 확인하여 직접 관리하고 활용할 수 있는 서비스를 말한다. 향후 마이데이터 사업자는 고객의 동의를 받아 금융회사가 보유한 고객의 정보에 접근하는 오픈뱅킹업을 수행할 예정이다.

① (나) - (가) - (다) - (라)
② (나) - (다) - (라) - (가)
③ (다) - (가) - (라) - (나)
④ (다) - (나) - (가) - (라)
⑤ (다) - (나) - (라) - (가)

24

> (가) 2018년 정부 통계에 따르면, 우리 연안 생태계 중 갯벌의 면적은 산림의 약 4%에 불과하지만 연간 이산 화탄소 흡수량은 산림의 약 37%이며 흡수 속도는 수십 배에 달한다.
>
> (나) 연안 생태계는 대기 중 이산화탄소 흡수에 탁월하다. 물론 연안 생태계가 이산화탄소를 얼마나 흡수할 수 있겠냐고 말하는 사람도 있을 것이다. 하지만 연안 생태계를 구성하는 갯벌과 염습지의 염생 식물, 식물성 플랑크톤 등은 광합성을 통해 대기 중 이산화탄소를 흡수하는데, 산림보다 이산화탄소 흡수 능력 이 뛰어나다.
>
> (다) 2019년 통계에 따르면 우리나라의 이산화탄소 배출량은 세계 11위에 해당하는 높은 수준이다. 그동안 우리나라는 이산화탄소 배출을 줄이려 노력하고, 대기 중 이산화탄소 흡수를 위한 산림 조성에 힘써 왔 다. 그런데 우리가 놓치고 있는 이산화탄소 흡수원이 있다. 바로 연안 생태계이다.
>
> (라) 또한 연안 생태계는 탄소의 저장에도 효과적이다. 연안의 염생 식물과 식물성 플랑크톤은 이산화탄소를 흡수하여 갯벌과 염습지에 탄소를 저장하는데 이 탄소를 블루카본이라 한다. 산림은 탄소를 수백 년간 저장할 수 있지만 연안은 블루카본을 수천 년간 저장할 수 있다. 연안 생태계가 훼손되면 블루카본이 공기 중에 노출되어 이산화탄소 등이 대기 중으로 방출된다. 그러므로 블루카본이 온전히 저장되어 있도 록 연안 생태계를 보호해야 한다.

① (가) – (나) – (다) – (라)　　　② (나) – (다) – (가) – (라)

③ (다) – (가) – (나) – (라)　　　④ (다) – (나) – (가) – (라)

⑤ (다) – (라) – (나) – (가)

25

한국 사회의 근대화 과정은 급속한 산업화와 도시화라는 특징을 가진다. 1960년대 이후 급속한 근대화에 따라 전통적인 농촌공동체를 떠나 도시로 이주하는 사람들이 급격하게 증가하였으며, 이로 인해 전통적인 사회구조가 해체되었다. 이 과정에서 직계가족이 가치판단의 중심이 되는 가족주의가 강조되었다. 이는 전통적 공동체가 힘을 잃은 상황에서 가족이 매우 중요한 역할을 담당했기 때문이다. 국가의 복지가 부실한 상황에서 가족은 노동력의 재생산 비용을 담당했다.

가족은 물질적 생존의 측면뿐만 아니라 정서적 생존을 위해서도 중요한 보호막으로 기능했다. 말하자면, 전통적 사회구조가 약화되면서 나타나는 사회적 긴장과 불안을 해소하는 역할을 해 왔다는 것이다. 서구 사회의 근대화 과정에서는 개인의 자율적 판단과 선택을 강조하는 개인주의 윤리나 문화가 그러한 사회적 긴장과 불안을 해소하는 역할을 담당했다. 하지만 한국 사회의 경우 근대화가 급속하게 압축적으로 이루어졌기 때문에 서구 사회와 같은 근대적 개인주의 문화가 제대로 정착하지 못했다. 그래서 한국 사회에서는 가족주의 문화가 근대화 과정의 긴장과 불안을 해소하는 역할을 담당하게 되었다.

한편, 전통적 공동체 문화는 학연과 지연을 매개로 하여 유사가족주의 형태로 나타났다. 1960년대 이후 농촌을 떠나온 사람들이 도시에서 만든 계나 동창회와 같은 것들이 유사가족주의의 단적인 사례이다.

① 근대화 과정을 거치면서 한국 사회에서는 가족주의가 강조되었다.

② 한국의 근대화 과정에서 전통적 공동체 문화는 유사가족주의로 변형되기도 했다.

③ 근대화 과정에서 한국의 가족주의 문화와 서구의 개인주의 문화는 유사한 역할을 수행했다.

④ 한국의 근대화 과정에서 서구의 개인주의 문화가 정착하지 못한 것은 가족주의 문화 때문이었다.

⑤ 한국의 근대화 과정에서 가족주의 문화는 급속한 산업화가 야기한 불안과 긴장을 해소하는 기제로 작용했다.

26

여러분이 컴퓨터 키보드의 @키를 하루에 몇 번이나 누르는지 한번 생각해 보라. 아마도 이메일 덕분에 사용 빈도가 매우 높을 것이다. 이탈리아에서는 '달팽이', 네덜란드에서는 '원숭이 꼬리'라 부르고 한국에서는 '골뱅이'라 불리는 이 '앳(at)'키는 한때 수동 타자기와 함께 영영 잊혀질 위기에 처하기도 하였다.

6세기에 @은 라틴어 전치사인 'ad'를 한 획에 쓰기 위한 합자(合字)였다. 그리고 시간이 흐르면서 @은 베니스, 스페인, 포르투갈 상인들 사이에 측정 단위를 나타내는 기호로 사용되었다. 베니스 상인들은 @을 부피의 단위인 암포라(Amphora)를 나타내는 기호로 사용하였으며, 스페인과 포르투갈의 상인들은 질량의 단위인 아로바(Arroba)를 나타내는 기호로 사용하였다. 스페인에서의 1아로바는 현재의 9.5kg에 해당하며, 포르투갈에서의 1아로바는 현재의 12kg에 해당한다. 이후에 @은 단가를 뜻하는 기호로 변화하였다. 예컨대 '복숭아 12개@1.5달러'로 표기한 경우 복숭아 12개의 가격이 18달러라는 것을 의미했다.

@키는 1885년 미국에서 언더우드 타자기에 등장하였고 20세기까지 자판에서 자리를 지키고 있었지만 사용 빈도는 점차 줄어들었다. 그런데 1971년 미국의 한 프로그래머가 잊혀지다시피 하였던 @키를 살려낸다. 연구개발 업체에서 인터넷상의 컴퓨터 간 메시지 송신기술 개발을 담당했던 그는 @키를 이메일 기호로 활용했던 것이다.

※ ad : 현대 영어의 'at' 또는 'to'에 해당하는 전치사

① @이 사용되기 시작한 지 1,000년이 넘었다.
② @은 전치사, 측정 단위, 단가, 이메일 기호 등 다양한 의미로 활용되어 왔다.
③ @키는 1960년대 말 타자기 자판에서 사라지면서 사용 빈도가 점차 줄어들었다.
④ 스페인 상인과 포르투갈 상인이 측정 단위로 사용했던 1@는 그 질량이 동일하지 않았을 것이다.
⑤ @이 단가를 뜻하는 기호로 쓰였을 때, '토마토 15개@3달러'라면 토마토 15개의 가격은 45달러였을 것이다.

※ 다음 글에 대한 반론으로 가장 적절한 것을 고르시오. [27~28]

27

어느 관현악단의 연주회장에서 연주가 한창 진행되는 도중에 휴대 전화의 벨 소리가 울려 음악의 잔잔한 흐름과 고요한 긴장이 깨져버렸다. 청중들은 객석 여기저기를 둘러보았다. 그런데 황급히 호주머니에서 휴대 전화를 꺼내 전원을 끄는 이는 다름 아닌 관현악단의 바이올린 주자였다. 연주는 계속되었지만 연주회의 분위기는 엉망이 되었고, 음악을 감상하던 많은 사람에게 찬물을 끼얹었다. 이와 같은 사고는 극단적인 사례이지만 공공장소의 소음이 심각한 사회 문제가 될 수 있다는 사실을 보여주고 있다.

소음 문제는 물질문명의 발달과 관련이 있다. 산업화가 진행됨에 따라 우리의 생활 속에는 '개인적 도구'가 증가하고 있다. 그러한 도구들 덕분에 우리의 생활은 점점 편리해지고 합리적이며 효율적으로 변해가고 있다. 그러나 그러한 이득은 개인과 그가 소유하고 있는 물건 사이의 관계에서 성립하는 것으로 그 관계를 넘어서면 전혀 다른 문제가 된다. 제한된 공간 속에서 개인적 도구가 넘쳐남에 따라, 개인과 개인, 도구와 도구, 그리고 자신의 도구와 타인과의 관계 등이 모순을 일으키는 것이다. 소음 문제도 마찬가지이다. 개인의 차원에서는 편리와 효율을 제공하는 도구들이, 전체의 차원에서는 불편과 비효율을 빚어내는 것이다. 그래서 많은 사회에서 개인적 도구가 타인의 권리를 침해하는 것을 방지하기 위하여 공공장소의 소음을 규제하고 있다.

① 사람들은 소음을 통해 자신의 권리를 침해받기도 한다.
② 문명이 발달함에 따라 소음 문제도 대두되고 있다.
③ 소음 문제는 보통 제한된 공간 속에서 개인적 도구가 과도함에 따라 발생한다.
④ 엿장수의 가위 소리와 같이 소리는 단순한 물리적 존재가 아닌 문화적 가치를 담은 존재가 될 수 있다.
⑤ 개인 차원에서 효율적인 도구들이 전체 차원에서는 문제가 될 수도 있다.

28

현대인은 타인의 고통을 주로 뉴스나 영화 등의 매체를 통해 경험한다. 타인의 고통을 직접 대면하는 경우와 비교할 때 그와 같은 간접 경험으로부터 연민을 갖기는 쉽지 않다. 더구나 현대 사회는 사적 영역을 침범하지 않도록 주문한다. 이런 존중의 문화는 타인의 고통에 대한 지나친 무관심으로 변질될 수 있다. 그래서인지 현대 사회는 소박한 연민조차 느끼지 못하는 불감증 환자들의 안락하지만 황량한 요양소가 되어 가고 있는 듯하다.

연민에 대한 정의는 시대와 문화, 지역에 따라 가지각색이지만, 다수의 학자들에 따르면 연민은 두 가지 조건이 충족될 때 생긴다. 먼저 타인의 고통이 그 자신의 잘못에서 비롯된 것이 아니라 우연히 닥친 비극이어야 한다. 다음으로 그 비극이 언제든 나를 엄습할 수도 있다고 생각해야 한다. 이런 조건에 비추어 볼 때 현대 사회에서 연민의 감정은 무뎌질 가능성이 높다. 현대인은 타인의 고통을 대부분 그 사람의 잘못된 행위에서 비롯된 필연적 결과로 보며, 자신은 그러한 불행을 예방할 수 있다고 생각하기 때문이다.

① 교통과 통신이 발달하면서 현대인들은 이전에 몰랐던 사람들의 불행까지도 의식할 수 있게 되었다.
② 직접적인 경험이 간접적인 경험보다 연민의 감정이 쉽게 생긴다.
③ 현대인들은 자신의 사적 영역을 존중받길 원한다.
④ 연민이 충족되기 위해선 타인의 고통이 자신의 잘못에서 비롯된 것이어야 한다.
⑤ 사람들은 비극이 나에게도 일어날 수 있다고 생각할 때 연민을 느낀다.

29 다음 글을 토대로 〈보기〉를 바르게 해석한 것은?

한국사 연구에서 임진왜란만큼 성과가 축적되어 있는 연구 주제는 많지 않다. 하지만 그 주제를 바라보는 시각은 지나치게 편향적이었다. 즉, 온 민족이 일치단결하여 '국난을 극복'한 대표적인 사례로만 제시되면서, 그 이면의 다양한 실상이 제대로 밝혀지지 않았다. 특히 의병의 봉기 원인은 새롭게 조명해 볼 필요가 있다. 종래에는 의병이 봉기한 이유를 주로 유교 이념에서 비롯된 '임금에 대한 충성'의 측면에서 해석해 왔다. 실제로 의병들을 모으기 위해 의병장이 띄운 격문(檄文)의 내용을 보면 이러한 해석이 일면 타당하다. 의병장은 거의가 전직 관료나 유생 등 유교 이념을 깊이 체득한 인물들이었다. 그러나 이러한 해석은 의병장이 의병을 일으킨 동기를 설명하는 데에는 적합할지 모르지만, 일반 백성들이 의병에 가담한 동기를 설명하는 데에는 충분치 못하다.

미리 대비하지 못하고 느닷없이 임진왜란을 당했던 데다가, 전쟁 중에 보였던 조정의 무책임한 행태로 인해 당시 조선 왕조에 대한 민심은 상당히 부정적이었다. 이러한 상황에서 백성들이 오로지 임금에 충성하기 위해서 의병에 가담했다고 보기는 어렵다. 임금에게 충성해야 한다는 논리로 가득한 한자투성이 격문의 내용을 백성들이 얼마나 읽고 이해할 수 있었는지도 의문이다. 따라서 의병의 주축을 이룬 백성들의 참여 동기는 다른 데서 찾아야 한다.

의병들은 서로가 혈연(血緣) 혹은 지연(地緣)에 의해 연결된 사이였다. 따라서 그들은 지켜야 할 공동의 대상을 가지고 있었으며 그래서 결속력도 높았다. 그 대상은 멀리 있는 임금이 아니라 가까이 있는 가족이었으며, 추상적인 이념이 아니라 그들이 살고 있던 마을이었다. 백성들이 관군에 들어가는 것을 기피하고 의병에 참여했던 까닭도, 조정의 명령에 따라 이리저리 이동해야 하는 관군과는 달리 의병은 비교적 지역 방위에만 충실하였던 사실에서 찾을 수 있다. 일부 의병을 제외하고는 의병의 활동 범위가 고을 단위를 넘어서지 않았으며, 의병들 사이의 연합 작전도 거의 이루어지지 않았다.

의병장의 참여 동기도 단순히 '임금에 대한 충성'이라는 명분적인 측면에서만 찾을 수는 없다. 의병장들은 대체로 각 지역에서 사회・경제적 기반을 확고히 갖춘 인물들이었다. 그러나 전쟁으로 그러한 기반을 송두리째 잃어버릴 위기에 처하게 되었다. 이런 상황에서 의병장들이 지역적 기반을 계속 유지하려는 현실적인 이해관계가 유교적 명분론과 결합하면서 의병을 일으키는 동기로 작용하게 된 것이다. 한편 관군의 잇단 패배로 의병의 힘을 빌리지 않을 수 없게 된 조정에서는 의병장에게 관직을 부여함으로써 의병의 적극적인 봉기를 유도하기도 했다. 기본적으로 관료가 되어야 양반으로서의 지위를 유지할 수 있었던 당시의 상황에서 관직 임명은 의병장들에게 큰 매력이 되었다.

〈보기〉

임진왜란 때 의병의 신분에 양반부터 천민까지 모두 있었다. 의병 활동을 벌이는 기간에는 계급이나 신분의 차이가 크지 않은 것으로 보이며, 의병장은 대개 전직 관원으로 문반 출신이 가장 많았고, 무인들은 수가 적었다. 그리고 덕망이 있어 고향에서 많은 사람들로부터 추앙을 받는 유생도 의병장이 있었다.

① 의병이 봉기에 참여한 데에는 나라에 대한 충성심이 컸겠어.
② 의병은 오직 임금을 지키기 위해 봉기에 참여했어.
③ 의병은 조정의 명령을 받으며 적군을 물리쳤어.
④ 의병장은 자신이 확립한 지역 기반을 지키기 위해 의병을 일으켰어.
⑤ 의병장은 관직에는 욕심이 없는 인물들이 대부분이었어.

30 다음 〈보기〉에 대한 ㉠~㉢의 반응으로 적절하지 않은 것은?

사회 진화론은 다윈의 생물 진화론을 개인과 집단에 적용시킨 사회 이론이다. 사회 진화론의 중심 개념은 19세기에 등장한 '생존 경쟁'과 '적자생존'인데, 이 두 개념의 적용 범위가 개인인가 집단인가에 따라 자유방임주의와 결합하기도 하고 민족주의나 제국주의와 결합하기도 하였다.

1860년대 영국의 대표적인 사회 진화론자인 ㉠ 스펜서는 인간 사회의 생활은 개인 간의 '생존 경쟁'이며, 그 경쟁은 '적자생존'에 의해 지배된다고 주장하였다. 스펜서는 가난한 자는 자연적으로 '도태된 자'이므로 인위적인 도움을 주어서는 안 되고, 빈부격차는 사회 진화의 과정에서 불가피하다고 인식하였다. 이러한 주장은 자본주의가 확장되던 영국과 미국에서 자유 경쟁과 약육강식의 현실을 정당화하고, 개인주의적 정서를 강화하는 데 이용되었다.

19세기 말 ㉡ 키드, 피어슨 등은 인종이나 민족, 국가 등의 집단 단위로 '생존 경쟁'과 '적자생존'을 적용하여 우월한 집단이 열등한 집단을 지배하는 것은 자연법칙이라고 주장함으로써 인종 차별이나 제국주의를 정당화하였다. 우생학과 결합한 사회 진화론은 앵글로색슨 족이나 아리아 족의 문화적·생물학적 우월성에 대한 믿음을 지지함으로써 서구 열강의 제국주의적, 식민주의적, 인종주의적 정책을 합리화하는 데 이용되었다.

한편 일본에서는 19세기 말 ㉢ 문명 개화론자들이 사회 진화론을 수용하였다. 이들은 '생존 경쟁'과 '적자생존'을 국가와 민족 단위에 적용하여 '약육강식'과 '우승열패'의 논리를 바탕으로 서구식 근대 문명국가 건설과 군국주의를 역설하였다. 나아가 세계적인 대세에 잘 적응한 일본이 경쟁에서 뒤처진 조선을 지배하는 것이 자연의 이치라는 주장을 전개했는데, 이는 나중에 식민사관으로 이어졌다.

사회 진화론은 구한말 개화파 지식인들에게도 큰 영향을 미쳤다. ㉣ 윤치호 같은 일부 개화파는 강자에 의한 패배를 불가피한 숙명으로 인식함으로써 조선 망국의 가능성을 거론하는 등 무기력한 모습을 보였다. 반면 ㉤ 박은식, 신채호 등 민족주의자들은 같은 사회 진화론을 받아들이면서도 조선이 살아남기 위해서는 일본이나 서구 열강과의 경쟁에서 반드시 승자가 되어야 하며, 그러기 위해서는 힘을 키워야 한다는 자강론의 근거로 삼았다.

─────〈보기〉─────

19세기 말 일본에서 근대화된 방직 기계로 대량 생산된 면제품이 들어오면서 재래식 기계로 옷감을 짜는 조선의 수공업은 심각한 타격을 입었다. 이제 막 공장을 갖추어 가던 조선의 수공업자들은 도산하였으며, 이들의 도산으로 면화 재배 농민들도 잇달아 몰락하였다.

① ㉠ : 자유 경쟁 시장에서 개인의 능력 부족으로 도태된 조선인들을 도와주면 안 되겠군.
② ㉡ : 생물학적으로 열등한 집단에 대한 지원을 강화해야겠군.
③ ㉢ : 일본이 조선보다 앞서 서구식 근대 문명국가를 건설했기 때문에 가능했던 일이군.
④ ㉣ : 기계 공업에 밀려 수공업자들과 농민들이 몰락하는 것은 불가피한 숙명이군.
⑤ ㉤ : 이런 문제를 해결하려면 우리 민족이 힘을 키워 경쟁에서 승리해야겠군.

2일 차
기출응용 모의고사

〈문항 수 및 시험시간〉

삼성 온라인 GSAT		
영역	문항 수	영역별 제한시간
수리	20문항	30분
추리	30문항	30분

제**1**영역 수리

01 직원 중에서 전체 사원의 $\frac{1}{3}$은 여자 사원이고, 그중 $\frac{1}{4}$은 미혼이라고 한다. 그 회사의 미혼 여성이 총 56명이라고 할 때, 전체 사원의 수는?

① 543명

② 567명

③ 621명

④ 672명

⑤ 700명

02 1에서 10까지 적힌 숫자카드를 임의로 두 장을 동시에 뽑을 때, 뽑은 두 카드에 적힌 수의 곱이 홀수일 확률은?

① $\frac{5}{7}$

② $\frac{7}{8}$

③ $\frac{5}{9}$

④ $\frac{2}{9}$

⑤ $\frac{1}{9}$

03 다음은 8개국 무역수지에 대한 국제통계 자료이다. 이에 대한 설명으로 옳지 않은 것은?

〈8개국 무역수지〉

(단위 : 억 USD)

구분	한국	그리스	노르웨이	뉴질랜드	대만	독일	러시아	미국
7월	408	26	70	28	240	863	224	952
8월	401	20	71	24	246	879	231	862
9월	408	22	70	25	225	987	254	929
10월	419	21	80	28	267	919	249	951
11월	453	20	82	27	253	965	266	987
12월	450	25	84	30	256	827	311	932

① 한국 무역수지의 전월 대비 증가량이 가장 많았던 달은 11월이다.
② 뉴질랜드의 무역수지는 8월 이후 지속해서 증가하였다.
③ 그리스의 12월 무역수지의 전월 대비 증가율은 20%이다.
④ 10월부터 12월 사이 한국의 무역수지 변화 추이와 같은 양상을 보이는 나라는 2개국이다.
⑤ 12월 무역수지가 7월 대비 감소한 나라는 그리스, 독일, 미국이다.

04 다음은 1년 동안 S병원을 찾은 당뇨병 환자에 대한 자료이다. 이에 대한 설명으로 옳지 않은 것은?

〈당뇨병 환자 수〉

(단위 : 명)

나이 \ 당뇨병	경증		중증	
	여성	남성	여성	남성
50세 미만	9	13	8	10
50세 이상	9	19	10	22

① 여성 환자 중 중증 환자의 비율은 50%이다.
② 50세 미만 환자 중 중증 남성 환자의 비율은 25%이다.
③ 50세 이상 환자 수는 50세 미만 환자 수의 1.5배이다.
④ 중증 여성 환자의 비율은 전체 당뇨병 환자의 18%이다.
⑤ 경증 환자 중 남성 환자의 비율은 중증 환자 중 남자 환자의 비율보다 높다.

05 다음은 S서점의 2023년 상반기 ~ 2024년 상반기 전체 도서 및 소설책 판매량과 2024년 하반기 예상 전체 도서 및 소설책 판매량에 대한 자료이다. 이에 대한 설명으로 옳은 것은?

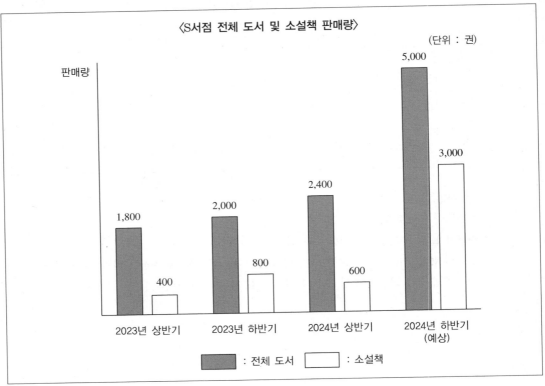

① 2023년의 전체 도서 판매량은 같은 시기의 소설책 판매량의 3배 미만이다.
② 2024년 상반기까지 소설책의 판매량은 항상 전체 도서의 25% 이상이다.
③ 2024년 상반기 전체 도서 판매량과 소설책 판매량은 2023년 하반기 대비 모두 증가하였다.
④ 2024년 하반기의 전체 도서 예상 판매량은 2024년 상반기 전체 도서 판매량의 2배 미만이다.
⑤ 2024년 하반기의 소설책 예상 판매량은 2024년 상반기 소설책 판매량의 5배이다.

※ 다음은 2023년도 관측지점별 기상 평년값을 나타낸 자료이다. 이어지는 질문에 답하시오. **[6~7]**

<관측지점별 기상 평년값>

(단위 : ℃, mm)

구분	평균 기온	최고 기온	최저 기온	강수량
속초	12	15	8	1,402
철원	10	16	5	1,391
춘천	11	17	6	1,347
강릉	14	18	9	1,465
동해	13	16	8	1,278
충주	11	19	6	1,212
서산	11	17	7	1,285

06 관측지점 중 최고 기온이 17℃ 이상이며, 최저 기온이 7℃ 이상인 지점의 강수량의 합은?

① 3,025mm

② 2,955mm

③ 2,832mm

④ 2,750mm

⑤ 2,670mm

07 다음 중 위 자료에 대한 설명으로 옳은 것은?

① 동해의 최고 기온과 최저 기온의 평균은 12℃이다.

② 속초는 관측지점 중 평균 기온이 두 번째로 높다.

③ 최고 기온과 최저 기온의 차이가 가장 큰 관측지점은 서산이다.

④ 평균 기온, 최고·최저 기온이 가장 높은 관측지점은 강릉이다.

⑤ 강수량이 많은 관측지점 3곳은 순서대로 강릉, 속초, 춘천이다.

※ 다음은 9월 15 ~ 22일의 낮 최고기온과 강수확률에 대한 자료이다. 이어지는 질문에 답하시오. **[8~9]**

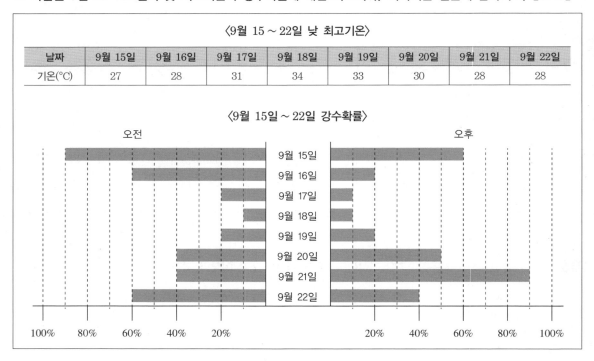

〈9월 15 ~ 22일 낮 최고기온〉

날짜	9월 15일	9월 16일	9월 17일	9월 18일	9월 19일	9월 20일	9월 21일	9월 22일
기온(℃)	27	28	31	34	33	30	28	28

08 다음 중 위 자료에 대한 설명으로 옳지 않은 것은?

① 오전에 비가 내릴 확률이 40% 미만인 날의 오후에 비가 내릴 확률은 항상 40% 미만이다.
② 낮 최고기온이 가장 높은 날과 가장 낮은 날의 기온 차이는 7℃이다.
③ 오전에 비가 내릴 확률과 오후에 비가 내릴 확률이 같은 날은 이틀 연속이다.
④ 오전에 비가 내릴 확률이 가장 높은 날과 오후에 비가 내릴 확률이 가장 높은 날은 다르다.
⑤ 오전과 오후 모두 비가 내릴 확률이 가장 높은 날은 9월 21일이다.

09 9월 15 ~ 24일 낮 최고기온의 평균은 30℃를 기록하였다. 9월 23일의 기온이 29℃일 때, 9월 24일의 낮 최고기온은?

① 30℃
② 31℃
③ 32℃
④ 33℃
⑤ 34℃

※ 다음은 지식재산권 심판청구 현황에 대한 자료이다. 이어지는 질문에 답하시오. **[10~11]**

〈지식재산권 심판청구 현황〉

(단위 : 건, 개월)

구분		2021년	2022년	2023년	2024년
심판청구 건수	합계	9,820	9,320	8,720	9,100
	특허	8,900	8,560	8,100	8,420
	실용신안	100	83	65	60
	디자인	80	67	75	65
	상표	740	640	480	555
심판처리 건수	합계	9,200	9,310	8,840	9,130
	특허	8,330	8,630	8,250	8,480
	실용신안	87	75	67	55
	디자인	63	65	63	60
	상표	720	540	460	532
심판처리 기간	특허·실용신안	8	8	11	10
	디자인·상표	7	8	9	8

10 다음 중 위 자료에 대한 설명으로 옳지 않은 것은?

① 2021년부터 2024년까지 수치가 계속 증가한 항목은 하나도 없다.

② 심판청구 건수보다 심판처리 건수가 더 많은 해도 있다.

③ 2021년부터 2024년까지 건수가 지속적으로 감소한 항목은 2개이다.

④ 2024년에는 특허·실용신안의 심판처리 기간이 2021년에 비해 20% 이상 더 길어졌다.

⑤ 2023년에는 모든 항목에서 다른 해보다 건수가 적고 기간이 짧다.

11 다음 중 2021년 대비 2024년 실용신안 심판청구 건수 감소율은?

① 38% ② 40%

③ 42% ④ 46%

⑤ 48%

※ 다음은 범죄유형별 두려움에 대한 자료이다. 이어지는 질문에 답하시오. [12~13]

〈범죄유형별 두려움〉

(단위 : 명)

두려움 유형	전혀 그렇지 않다	그렇지 않은 편이다	보통이다	그런 편이다	매우 그렇다
절도	360	725	320	200	18
강도	372	746	332	182	18
폭행	367	729	340	189	28
사기	377	730	345	178	23
기물파손	412	750	329	143	19
가택침입	338	623	332	301	59
협박	508	722	287	113	23

12 위 자료에 대한 〈보기〉의 설명 중 옳지 않은 것을 모두 고르면?

─〈보기〉─

ㄱ. 절도에 대하여 '보통이다'라고 응답한 사람의 수는 '매우 그렇다'라고 응답한 사람 수의 20배 이상이다.
ㄴ. 기물파손에 대하여 '매우 그렇다'라고 응답한 사람의 수는 협박에 대하여 '매우 그렇다'라고 응답한 사람의 수보다 많다.
ㄷ. 가택침입에 대하여 '전혀 그렇지 않다'라고 응답한 사람의 수는 강도에 대하여 '그런 편이다'라고 응답한 사람의 수보다 많다.
ㄹ. 모든 유형에서 '전혀 그렇지 않다'라고 응답한 사람의 수가 두 번째로 많다.

① ㄱ, ㄴ
② ㄱ, ㄷ
③ ㄴ, ㄷ
④ ㄴ, ㄹ
⑤ ㄷ, ㄹ

13 두려움 유형들 중 두 번째로 많은 사람들이 '그렇지 않은 편이다'라고 대답한 유형으로 옳은 것은?

① 절도
② 강도
③ 폭행
④ 사기
⑤ 기물파손

※ 다음은 우리나라 배기량별 승용차 수출액에 대한 자료이다. 이어지는 질문에 답하시오. [14~15]

〈배기량별 승용차 수출액〉

(단위 : 천만 달러)

구분			2023년 4분기	2024년 1분기	2024년 2분기	2024년 3분기	2024년 4분기
경차	1,000cc 이하	휘발유	26	23	20	14	23
소형	1,000cc 초과 1,500cc 이하	휘발유	165	147	145	125	170
	1,500cc 이하	경유	3	5	4	3	7
중대형	1,500cc 초과 2,000cc 이하	휘발유	455	390	400	290	440
		경유	65	55	58	57	60
	2,000cc 초과	휘발유	300	220	275	200	310
		경유	57	50	60	40	60

14 다음 중 위 자료에 대한 설명으로 옳지 않은 것은?

① 2023년 4분기에 수출액이 두 번째로 높은 승용차 종류는 배기량 2,000cc 초과 휘발유 중대형 승용차이다.

② 2024년 1분기에 전 분기보다 수출액이 증가한 승용차 종류는 한 종류이다.

③ 2024년 4분기의 모든 승용차 종류의 수출액은 전년 동분기보다 모두 증가했다.

④ 2024년 4분기의 소형 휘발유 승용차의 수출액은 전 분기 대비 36% 증가했다.

⑤ 2024년 2분기에 배기량 1,500cc 초과 2,000cc 이하 휘발유 중대형 승용차의 수출액은 같은 분기 경차 수출액의 20배이다.

15 2024년 4분기 휘발유 승용차의 전체 매출액은 동년 1분기보다 얼마나 증가했는가?

① 163천만 달러
② 165천만 달러
③ 167천만 달러
④ 170천만 달러
⑤ 172천만 달러

※ 다음은 유형별 재산범죄 발생 추이에 대한 자료이다. 이어지는 질문에 답하시오. **[16~17]**

〈유형별 재산범죄 발생 추이〉

(단위 : 천 건)

연도	전체	절도	장물	사기	횡령	배임	손괴
2015년	450	170	15	180	25	15	45
2016년	465	180	15	190	25	10	45
2017년	490	185	10	210	20	15	50
2018년	470	150	18	220	25	10	47
2019년	465	180	36	184	25	10	30
2020년	510	190	25	200	27	13	55
2021년	515	210	25	185	23	17	55
2022년	520	205	20	200	26	15	54
2023년	565	225	32	220	27	13	45
2024년	570	232	30	210	25	16	54

16 다음 중 위 자료에 대한 설명으로 옳지 않은 것은?

① 조사기간 동안 전체 재산범죄 발생 건수는 2018년과 2019년에 각각 전년 대비 감소하였으나, 2020년부터 지속적으로 증가하였다.

② 장물범죄 발생 건수는 2019년에 36천 건으로 전년 대비 100% 증가하였다.

③ 2018년과 2019년 절도의 발생 건수를 비교하면 절도는 2018년 대비 2019년에 20% 증가하였다.

④ 조사기간 동안 사기의 발생 건수는 항상 절도의 발생 건수보다 많았다.

⑤ 전체 재산범죄 발생 건수는 2024년에 가장 많았다.

17 위 자료의 2022년 전체 재산범죄 중 횡령이 차지하는 비율은?

① 5% ② 6%

③ 7% ④ 8%

⑤ 9%

18 다음은 우리나라 제조업 상위 3개 업종 종사자수를 나타낸 자료이다. 이를 꺾은선 그래프로 변형하려고 할 때 옳은 것은?

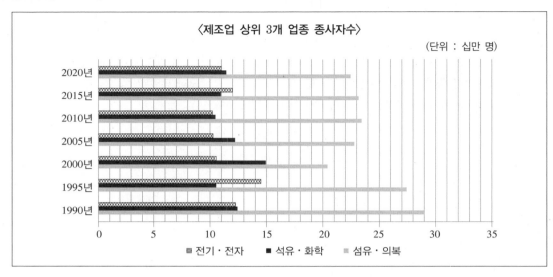

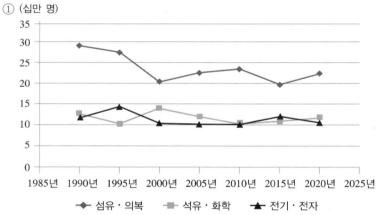

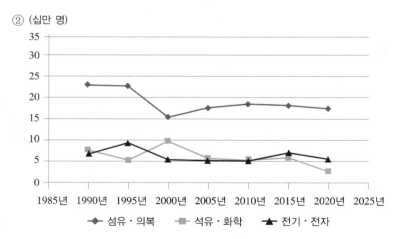

③ (십만 명)

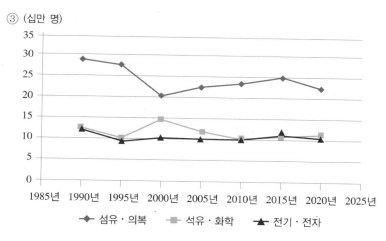

④ (십만 명)

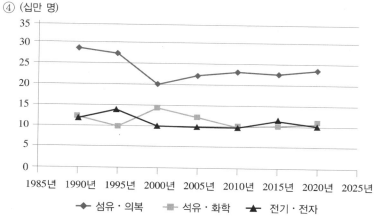

⑤ (십만 명)

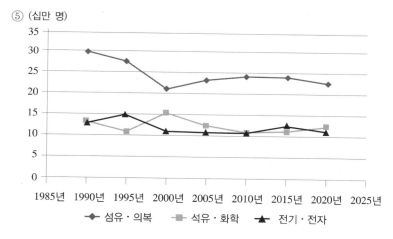

19 어떤 세균 배양지에 항균 용액을 떨어뜨린 후 시간에 따른 세균 수가 다음과 같은 일정한 규칙으로 변화할 때, 10시간 후 세균의 수는?

〈항균 용액 투여 후 세균의 수 변화〉

(단위 : 백만 마리)

기간	1시간 후	2시간 후	3시간 후	4시간 후
세균 수	19	$\dfrac{19}{3}$	$\dfrac{19}{5}$	$\dfrac{19}{7}$

① 1.2백만 마리
② 1백만 마리
③ 0.8백만 마리
④ 0.5백만 마리
⑤ 0.2백만 마리

20 다음은 S시의 노령 인구수 변화 추이에 대한 자료이다. 이와 같이 노령 인구수가 매년 일정한 규칙에 따라 증가한다면, 2028년도에 예상되는 노령 인구수는?

〈S시 노령 인구수 변화 추이〉

(단위 : 만 명)

연도	2020년	2021년	2022년	2023년	2024년
노령인구수	30	31.5	34.5	39	45

① 52.5만 명
② 61.5만 명
③ 72만 명
④ 84만 명
⑤ 90만 명

※ 제시된 명제가 모두 참일 때, 다음 중 빈칸에 들어갈 명제로 가장 적절한 것을 고르시오. [1~3]

01

> 전제1. 비가 오지 않으면 산책을 나간다.
> 전제2. 공원에 들리지 않으면 산책을 나가지 않은 것이다.
> 결론. _____

① 공원에 들리지 않으면 비가 온 것이다.

② 비가 오면 공원에 들리지 않은 것이다.

③ 공원에 들리면 산책을 나간 것이다.

④ 산책을 나가면 공원에 들리지 않은 것이다.

⑤ 비가 왔으면 산책을 나가지 않은 것이다.

02

> 전제1. 창의적인 문제해결을 하기 위해서는 브레인스토밍을 해야 한다.
> 전제2. 브레인스토밍을 하기 위해서는 상대방의 아이디어를 비판해서는 안 된다.
> 결론. _____

① 상대방의 아이디어를 비판하지 않으면 창의적인 문제해결이 가능하다.

② 상대방의 아이디어를 비판하지 않으면 브레인스토밍을 할 수 있다.

③ 브레인스토밍을 하면 창의적인 문제해결이 가능하다.

④ 창의적인 문제해결을 하기 위해서는 상대방의 아이디어를 비판해서는 안 된다.

⑤ 브레인스토밍을 하지 않으면 상대방의 아이디어를 비판하게 된다.

03

> 전제1. 갈매기는 육식을 하는 새이다.
> 전제2. _____
> 전제3. 바닷가에 사는 새는 갈매기이다.
> 결론. 헤엄을 치는 새는 육식을 한다.

① 바닷가에 살지 않는 새는 헤엄을 치지 않는다.

② 갈매기는 헤엄을 친다.

③ 육식을 하는 새는 바닷가에 살지 않는다.

④ 헤엄을 치는 새는 육식을 하지 않는다.

⑤ 갈매기가 아니어도 육식을 하는 새는 있다.

04 다음 〈조건〉을 만족할 때 추론할 수 있는 것으로 옳은 것은?

〈조건〉

- 도봉산은 북악산보다 높다.
- 북악산은 관악산보다 낮다.
- 북한산은 도봉산과 관악산보다 높다.

① 도봉산이 관악산보다 높다.
② 관악산이 도봉산보다 높다.
③ 관악산이 가장 낮다.
④ 북악산이 가장 낮다.
⑤ 북악산은 도봉산보다 낮지만, 북한산보다 높다.

05 어떤 지역의 교장 선생님 5명(가 ~ 마)는 이번 년도에 각기 다른 5개의 고등학교(A ~ E학교)로 배정받는다고 한다. 다음 〈조건〉을 참고할 때, 반드시 참인 것은?

〈조건〉

- 하나의 고등학교에는 1명의 교장 선생님이 배정받는다.
- 이전에 배정받았던 학교로는 다시 배정되지 않는다.
- 가와 나는 C학교와 D학교에 배정된 적이 있다.
- 다와 라는 A학교와 E학교에 배정된 적이 있다.
- 마가 배정받은 학교는 B학교이다.
- 다가 배정받은 학교는 C학교이다.

① 가는 A학교에 배정된 적이 있다.
② 나는 E학교에 배정된 적이 있다.
③ 다는 D학교에 배정된 적이 있다.
④ 가는 확실히 A학교에 배정될 것이다.
⑤ 라가 배정받은 학교는 D학교일 것이다.

06 미국, 영국, 중국, 프랑스에 파견된 4명의 외교관(A ~ D)는 1년에 한 번, 1명씩 새로운 국가로 파견된다. 다음 〈조건〉을 참고할 때, 반드시 참인 것은?

〈조건〉

- 두 번 연속 같은 국가에 파견될 수는 없다.
- A는 작년에 영국에 파견되어 있었다.
- C와 D는 이번에 프랑스에 파견되지는 않는다.
- D는 작년에 중국에 파견되어 있었다.
- C가 작년에 파견된 나라는 미국이다.
- B가 이번에 파견된 국가는 중국이다.

---

① A가 이번에 파견된 국가는 영국이다.
② C가 이번에 파견된 국가는 미국이다.
③ D가 이번에 파견된 국가는 프랑스다.
④ B가 작년에 파견된 국가는 프랑스일 것이다.
⑤ A는 작년에 영국, 또는 미국에 파견되었을 것이다.

07 S사에서는 기획팀 직원들의 복리후생을 위해 이번 주말에 무료 요가 강의를 제공할 계획이다. 기획팀에는 A사원, B사원, C주임, D대리, E대리, F과장 6명이 있다. 요가 강의에 참여할 직원들에 대한 〈조건〉이 다음과 같을 때, 이번 주말에 열리는 무료 요가 강의에 참석할 기획팀 직원들의 최대 인원은?

〈조건〉

- C주임과 D대리 중 1명만 참석한다.
- B사원이 참석하면 D대리는 참석하지 않는다.
- C주임이 참석하면 A사원도 참석한다.
- D대리가 참석하면 E대리는 참석하지 않는다.
- E대리는 반드시 참석한다.

---

① 2명   ② 3명
③ 4명   ④ 5명
⑤ 6명

08 음식을 만들기 위해서는 준비된 재료 7가지(가 ~ 사)를 정해진 순서대로 넣어야 한다. 다음 〈조건〉을 참고하여 마지막에 넣는 재료가 가일 때, 두 번째 넣어야 할 재료는?

---〈조건〉---
- 모든 재료는 차례로 한 번씩만 넣는다.
- 가 바로 앞에 넣는 재료는 라이다.
- 사는 라보다는 먼저 넣지만, 나보다 늦게 넣는다.
- 마는 다와 나의 사이에 넣는 재료이다.
- 다는 마보다 먼저 들어간다.
- 바는 다보다 먼저 들어간다.

① 나   ② 다
③ 마   ④ 바
⑤ 아

09 S학원에서 10명의 학생(가 ~ 차)을 차례로 한 줄로 세우려고 한다. 다음 〈조건〉을 참고하여 7번째에 오는 학생이 사일 때, 3번째에 올 학생은?

---〈조건〉---
- 자 학생과 차 학생은 결석하여 줄을 서지 못했다.
- 가보다 다가 먼저 서 있다.
- 마는 다와 아보다 먼저 서있다.
- 아는 가와 바 사이에 서있다.
- 바는 나보다는 먼저 서있지만, 가보다는 뒤에 있다.
- 라는 사와 나의 뒤에 서있다.

① 가   ② 나
③ 마   ④ 바
⑤ 아

10 한 회사에서 건물의 엘리베이터 6대(1호기 ~ 6호기)를 6시간에 걸쳐 점검하고자 한다. 한 시간에 한 대씩만 검사한다고 할 때, 다음에 근거하여 바르게 추론한 것은?

- 제일 먼저 검사하는 것은 5호기이다.
- 가장 마지막에 검사하는 것은 6호기가 아니다.
- 2호기는 6호기보다 먼저 검사한다.
- 3호기는 두 번째로 먼저 검사하며, 그 다음으로 검사하는 것은 1호기이다.

① 6호기는 4호기보다 늦게 검사한다.
② 마지막으로 검사하는 엘리베이터는 4호기는 아니다.
③ 4호기 다음으로 검사할 것은 2호기이다.
④ 2호기는 세 번째에 검사한다.
⑤ 6호기는 1호기 다다음에 검사하며, 5번째로 검사하게 된다.

11 한 레스토랑의 코스 요리는 총 7개의 코스로 구성되어 있으며, 하나의 순서 당 서로 다른 한 종류의 요리가 나온다. 다음에 근거하여 바르게 추론한 것은?

- 가장 먼저 나오는 것은 스프이다.
- 스프와 생선 튀김 사이에는 치킨 샐러드를 준다.
- 생선 튀김은 스테이크보다 앞에 나온다.
- 버섯 파스타는 4번째 순서이다.
- 가장 마지막으로는 푸딩을 준다.
- 치즈 케이크는 스테이크보다는 뒤에 나온다.

① 치즈 케이크는 5번째 이전 순서에 나온다.
② 치킨 샐러드는 버섯 파스타보다 늦게 나온다.
③ 스테이크 바로 다음 순서는 버섯 파스타가 아닌 치즈 케이크이다.
④ 생선 튀김을 먹은 다음에는 치킨 샐러드가 나올 것이다.
⑤ 스테이크를 먹었다면 코스의 절반보다 조금 더 남았다고 봐야 한다.

12 한 마트에서는 4층짜리 매대에 과일들을 진열해 놓았다. 매대의 각 층에는 서로 다른 과일이 한 종류씩 진열되어 있을 때, 다음에 근거하여 바르게 추론한 것은?

- 정리된 과일은 사과, 귤, 감, 배의 네 종류이다.
- 사과 위에는 아무 과일도 존재하지 않는다.
- 배는 감보다 아래쪽에 올 수 없다.
- 귤은 감보다는 높이 위치해 있지만, 배보다 높이 있는 것은 아니다.

① 사과는 3층 매대에 있을 것이다.
② 귤이 사과 바로 아래층에 있을 것이다.
③ 배는 감 바로 위층에 있을 것이다.
④ 귤은 감과 배 사이에 있다.
⑤ 귤은 가장 아래층에 있을 것이다.

13 대학생의 취미생활에 대한 선호도를 조사한 결과 다음과 같은 결과가 나왔다. 이를 바탕으로 바르게 추론한 것은?

- 등산을 좋아하는 사람은 스케이팅을 좋아하지 않는다.
- 영화 관람을 좋아하지 않는 사람은 독서를 좋아한다.
- 영화 관람을 좋아하지 않는 사람은 조깅 또한 좋아하지 않는다.
- 낮잠 자기를 좋아하는 사람은 스케이팅을 좋아한다.
- 스케이팅을 좋아하는 사람은 독서를 좋아한다.

① 영화 관람을 좋아하는 사람은 스케이팅을 좋아한다.
② 스케이팅을 좋아하는 사람은 낮잠 자기를 좋아하지 않는다.
③ 조깅을 좋아하는 사람은 독서를 좋아한다.
④ 낮잠 자기를 좋아하는 사람은 독서를 좋아한다.
⑤ 독서를 좋아하지 않는 사람은 조깅을 좋아하지 않는다.

14 S사의 마케팅팀 직원 7명(A ~ G)이 세 대의 승용차를 나누어 타고 다른 장소로 이동하려고 한다. 다음 〈조건〉을 모두 만족하도록 차량 배치를 한다면 가장 적절한 것은?

———〈조건〉———
- 세 대의 승용차를 모두 이용한다.
- 2명, 2명, 3명으로 나누어 탑승해야 한다.
- B와 D는 한 차에 탑승할 수 없다.
- E는 3명이 탄 차에 탑승해야 한다.
- E와 F가 한 차에 탔다면 A와 C도 한 차에 타야 한다.
- A는 D와 F 중에 한 사람과는 함께 타야 한다.

① (A, D, G), (B, F), (C, E)
② (A, B, E), (C, F), (D, G)
③ (C, E, G), (B, F), (A, D)
④ (B, C, G), (A, D), (E, F)
⑤ (B, D, G), (C, F), (A, E)

15 백화점에서 함께 쇼핑을 한 A ~ E는 일정 금액 이상 구매 시 추첨을 통해 경품을 제공하는 백화점 이벤트에 응모하였다. 얼마 후 당첨자가 발표되었고, A ~ E 중 1명이 1등에 당첨되었다. 다음 A ~ E의 대화에서 1명이 거짓말을 한다고 할 때, 1등 당첨자는?

- A : C는 1등이 아닌 3등에 당첨됐어.
- B : D가 1등에 당첨됐고, 나는 2등에 당첨됐어.
- C : A가 1등에 당첨됐어.
- D : C의 말은 거짓이야.
- E : 나는 5등에 당첨되었어.

① A
② B
③ C
④ D
⑤ E

※ 다음 제시된 도형의 규칙을 보고 물음표에 들어갈 도형으로 알맞은 것을 고르시오. [16~18]

16

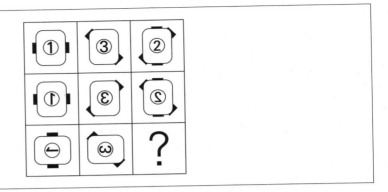

①

②

③

④

⑤

17

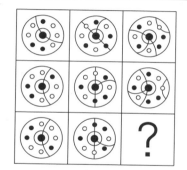

① ② ③ ④

⑤

18

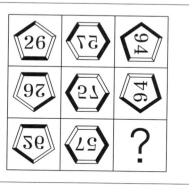

① ② ③ ④

⑤

※ 다음 도식에서 기호들은 일정한 규칙에 따라 문자를 변화시킨다. 물음표에 들어갈 문자로 알맞은 것을 고르시오 (단, 규칙은 가로와 세로 중 한 방향으로만 적용된다). [19~22]

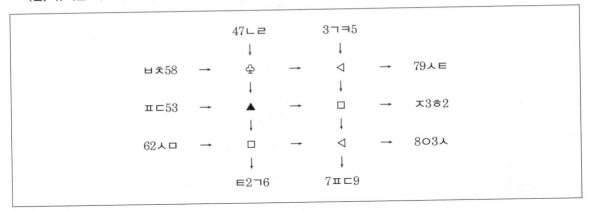

19

ㄷ5ㅇ6 → ◁ → ▲ → ?

① ㅊ4ㅂ6
② ㅂ3ㅊ7
③ ㄴ6ㅎ9
④ ㄱ3ㅅ7
⑤ ㄴ4ㅂ8

20

ㅇ2ㄴ8 → □ → ♣ → ?

① 32ㄷㅇ
② 24ㅊㅅ
③ 28ㅇㄴ
④ 12ㅈㅎ
⑤ 34ㅊㄴ

21

$$? \rightarrow \blacktriangle \rightarrow \square \rightarrow \llcorner ㄱ42$$

① 7ㅅㄷ3   ② 3ㅅㄷ7

③ ㅅ73ㄷ   ④ ㅅ7ㄷ3

⑤ 37ㄷㅅ

22

$$? \rightarrow ♧ \rightarrow \triangleleft \rightarrow P3ㄴM$$

① ㄴP3M   ② ㄱPN2

③ N3ㄴK   ④ ㄱKN2

⑤ NP3ㄴ

23

(가) 닭 한 마리가 없어져서 뒷집 식구들이 모두 나서서 찾았다. 그런데 앞집 부엌에서 고기 삶는 냄새가 났다. 왜 우리 닭을 잡아먹었느냐고 따지자 주인은 아니라고 잡아뗐다. 부엌에서 나는 고기 냄새는 무어냐고 물었더니, 냄새가 날 리 없다고, 아마도 네가 오랫동안 고기 맛을 보지 못해서 환장했을 거라고 면박을 준다. 너희 집 두엄 더미에 버려진 닭 털은 어찌된 거냐고 들이대자 오리 발을 들고 나와 그것은 네 집 닭 털이 아니라 우리 집 오리털이라고 변명한다. 네 집 닭을 훔쳐 먹은 것이 아니라 우리 집 오리를 내가 잡은 것인데, 그게 무슨 죄가 되냐고 오히려 큰소리친다.

(나) 남의 닭을 훔쳐다 잡아먹고서 부인할 수는 있다. 그러나 뭐 뀐 놈이 성내는 것도 분수가 있지, 피해자를 가해자로 몰아 처벌하게 하는 데야 말문이 막힐 수밖에 없는 일이 아닌가. 적반하장도 유분수지, 도둑이 주인을 도둑으로 처벌해 달라고 고소하는 일은 별로 흔하지 않을 것이다.

(다) 뒷집 사람은 원님에게 불려 가게 되었다. 뒷집이 우리 닭을 훔쳐다 잡아먹었으니 처벌해 달라고 앞집 사람이 고소했던 것이다. 이번에는 증거물이 있었다. 바로 앞집 사람이 잡아먹고 남은 닭발이었는데, 그것을 뒷집 두엄 더미에 넣어 두었던 것이다. 뒷집 사람은 앞집에서는 증조부 때 이후로 닭을 기른 적이 없다고 항변했지만 그것을 입증해 줄 만한 사람은 없었다. 뒷집 사람은 어쩔 수 없이 앞집에 닭 한 마리 값을 물어 주었다.

(라) '닭 잡아먹고 오리 발 내민다.'는 속담이 있다. 제가 저지른 나쁜 일이 드러나게 되니 어떤 수단을 써서 남을 속이려 한다는 뜻이다. 남을 속임으로써 난감한 처지에서 벗어나고자 하는 약삭빠른 사람의 행위를 우리는 이렇게 비유해서 말하는 것이다.

① (라) – (가) – (나) – (다)
② (라) – (가) – (다) – (나)
③ (라) – (나) – (가) – (다)
④ (라) – (나) – (다) – (가)
⑤ (라) – (다) – (나) – (가)

24

(가) 이러한 수평적 연결은 사물인터넷 서비스로 새로운 성장 동력을 모색할 수 있다. 예를 들어, 스마트 컵인 프라임베실(개인에게 필요한 수분 섭취량을 알려줌), 스마트 접시인 탑뷰(음식의 양을 측정함), 스마트 포크인 해피포크(식사 습관개선을 돕는 스마트 포크, 식사 속도와 시간, 1분간 떠먹는 횟수 등을 계산해 식사 습관을 분석함)를 연결하면 식생활 습관을 관리할 수 있을 것이다. 이를 식당, 병원, 헬스케어 센터에서 이용하면 고객의 식생활을 부가 서비스로 관리할 수 있다.

(나) 마치 100m 달리기를 하듯 각자의 트랙에서 목표를 향해 전력 질주하던 시대가 있었다. 선택과 집중의 논리로 수직 계열화를 통해 효율을 확보하고, 성능을 개선하고자 했었다. 그런데 세상이 변하고 있다. 고객 혹은 사용자를 중심으로 기존의 제품과 서비스가 재정의되고 있는 것이다. 이러한 산업의 패러다임적 전환을 신성장 동력이라 말한다.

(다) 기존의 가스 경보기를 만들려면 미세한 가스도 놓치지 않는 센서의 성능, 오래 지속되는 배터리, 크게 알릴 수 있는 알람 소리, 인테리어에 잘 어울리는 멋진 제품 디자인이 필요하다. 그런데 아무리 좋은 가스 경보기를 만들어도 사람의 안전을 담보하지는 못한다. 만약 집에서 가스 경보기가 울리면 아마 창문을 열어 환기시키고, 가스 밸브를 잠그고, 119에 신고를 해야 할 것이다. 사람의 안전을 담보하는, 즉 연결 지배성이 높은 가스 경보기는 이런 일을 모두 해내야 한다. 이런 가스 경보기를 만들려면 전기, 전자, 통신, 기계, 인테리어, 디자인 등의 도메인들이 사용자 경험을 중심으로 연결돼야 한다. 이를 수평적 연결이라 부른다.

(라) 똑똑한 사물인터넷은 점점 더 다양해진다. S텔레콤의 '누구'나 아마존 '에코' 같은 스마트 스피커는 사용자가 언제 어디든, 일상에서 인공 비서로 사용되는 시대가 되었다. 그리고 K보일러의 사물인터넷 서비스는 보일러 쪽으로 직접 가지 않아도 스마트폰 전용 앱으로 보일러를 관리한다. 이제 보일러가 언제, 얼마나, 어떻게 쓰이는지, 그리고 보일러의 상태는 어떠한지, 사용하는 방식과 에너지 소모 등의 정보도 얻을 수 있다. 4차산업혁명의 전진기지 역할을 하는 사물인터넷 서비스는 이제 거스를 수 없는 대세이다.

① (나) – (가) – (다) – (라)　　　　② (나) – (다) – (가) – (라)
③ (다) – (가) – (라) – (나)　　　　④ (다) – (나) – (가) – (라)
⑤ (라) – (나) – (가) – (다)

25

프랑스의 정치철학자인 토크빌이 미국에서 관찰한 정치 과정 가운데 가장 놀랐던 것은 바로 시민들의 정치적 결사였다. 미국인들은 어려서부터 스스로 단체를 만들고 스스로 규칙을 제정하여 그에 따라 행동하는 것을 관습화해왔다. 이에 미국인들은 어떤 사안이 발생할 경우 국가기관이나 유력자의 도움을 받기 전에 스스로 단체를 결성하여 집합적으로 대응하는 양상을 보인다. 미국의 항구적인 지역 자치의 단위인 타운, 시티, 카운티조차도 주민들의 자발적인 결사로부터 형성된 단체였다.

미국인들의 정치적 결사는 결사의 자유에 대한 완벽한 보장을 기반으로 실현된다. 일단 하나의 결사로 뭉친 개인들은 언론의 자유를 보장받으면서 자신들의 집약된 견해를 널리 알린다. 이러한 견해에 호응하는 지지자들의 수가 점차 늘어날수록 이들은 더욱 열성적으로 결사를 확대해간다. 그런 다음에는 집회를 개최하여 자신들의 힘을 표출한다. 집회에서 가장 중요한 요소는 대표자를 선출하는 기회를 만드는 것이다. 집회로부터 선출된 지도부는 물론 공식적으로 정치적 대의제의 대표는 아니다. 하지만 이들은 도덕적인 힘을 가지고 자신들의 의견을 반영한 법안을 미리 기초하여 그것이 실제 법률로 제정되게끔 공개적으로 입법부에 압력을 가할 수 있다.

토크빌은 이러한 정치적 결사가 갖는 의미에 대해 독특한 해석을 펼친다. 그에 따르면, 미국에서는 정치적 결사가 다수의 횡포에 맞서는 보장책으로서의 기능을 수행한다. 미국의 입법부는 미국 시민의 이익을 대표하며, 의회 다수당은 다수 여론의 지지를 받는다. 이를 고려하면 언제든 '다수의 이름으로' 소수를 배제한 입법권의 행사가 가능해짐에 따라 입법 활동에 대한 다수의 횡포가 나타날 수 있다. 토크빌은 이러한 다수의 횡포를 제어할 수 있는 정치 제도가 없는 상황에서 소수 의견을 가진 시민들의 정치적 결사는 다수의 횡포에 맞설 수 있는 유일한 수단이라고 보았다. 더불어 토크빌은 시민들의 정치적 결사가 소수자들이 다수의 횡포를 견제할 수 있는 수단으로 온전히 기능하기 위해서는 도덕의 권위에 호소해야 한다고 보았다. 왜냐하면 힘이 약한 소수자가 호소할 수 있는 것은 도덕의 권위뿐이기 때문이다.

① 미국 정치는 다수에 의한 지배를 정당화하는 체제를 토대로 한다.
② 미국에서는 처음에 자발적 결사로 시작된 단체도 항구적 자치 단체로 성장할 수 있다.
③ 미국 시민들은 정치적 결사를 통해 실제 법률 제정과 관련하여 입법부에 압력을 행사할 수 있다.
④ 토크빌에 따르면 미국에서 소수자는 도덕의 권위에 도전함으로써 다수의 횡포에 저항해야 한다.
⑤ 토크빌에 따르면 미국에서 정치적 결사는 시민들의 소수 의견이 배제된 입법 활동을 제어하는 역할을 한다.

26

기원전 3천 년쯤 처음 나타난 원시 수메르어 문자 체계는 두 종류의 기호를 사용했다. 한 종류는 숫자를 나타냈고, 1, 10, 60 등에 해당하는 기호가 있었다. 다른 종류의 기호는 사람, 동물, 사유물, 토지 등을 나타냈다. 두 종류의 기호를 사용하여 수메르인들은 많은 정보를 보존할 수 있었다.

이 시기의 수메르어 기록은 사물과 숫자에 한정되었다. 쓰기는 시간과 노고를 요구하는 일이었고, 기호를 읽고 쓸 줄 아는 사람은 얼마 되지 않았다. 이런 고비용의 기호를 장부 기록 이외의 일에 활용할 이유가 없었다. 현존하는 원시 수메르어 문서 가운데 예외는 하나뿐이고, 그 내용은 기록하는 일을 맡게 된 견습생이 교육을 받으면서 반복해서 썼던 단어들이다. 지루해진 견습생이 자기 마음을 표현하는 시를 적고 싶었더라도 그는 그렇게 할 수 없었다. 원시 수메르어 문자 체계는 완전한 문자 체계가 아니었기 때문이다. 완전한 문자 체계란 구어의 범위를 포괄하는 기호 체계, 즉 시를 포함하여 사람들이 말하는 것은 무엇이든 표현할 수 있는 체계이다. 반면에 불완전한 문자 체계는 인간 행동의 제한된 영역에 속하는 특정한 종류의 정보만 표현할 수 있는 기호 체계이다. 라틴어, 고대 이집트 상형문자, 브라유 점자는 완전한 문자 체계이다. 이것들로는 상거래를 기록하고, 상법을 명문화하고, 역사책을 쓰고, 연애시를 쓸 수 있다. 이와 달리 원시 수메르어 문자 체계는 수학의 언어나 음악 기호처럼 불완전했다. 그러나 수메르인들은 불편함을 느끼지 않았다. 그들이 문자를 만들어 쓴 이유는 구어를 고스란히 베끼기 위해서가 아니라 거래 기록의 보존처럼 구어로는 하지 못할 일을 하기 위해서였기 때문이다.

① 원시 수메르어 문자 체계는 구어를 보완하는 도구였다.
② 원시 수메르어 문자 체계는 감정을 표현하는 일에 적합하지 않았다.
③ 원시 수메르어 문자를 당시 모든 구성원이 사용할 줄 아는 것은 아니었다.
④ 원시 수메르어 문자는 사물과 숫자를 나타내는 데 상이한 종류의 기호를 사용하였다.
⑤ 원시 수메르어 문자와 마찬가지로 고대 이집트 상형문자는 구어의 범위를 포괄하지 못했다.

※ 다음 글에 대한 반론으로 가장 적절한 것을 고르시오. [27~28]

27

> 현금 없는 사회로의 이행은 바람직하다. 현금 없는 사회에서는 카드나 휴대전화 등을 이용한 비현금 결제 방식을 통해 모든 거래가 이루어질 것이다. 현금 없는 사회에서 사람들은 불편하게 현금을 들고 다니지 않아도 되고 잔돈을 주고받기 위해 기다릴 필요가 없다. 그리고 언제 어디서든 편리하게 거래를 할 수 있다. 또한 매년 새로운 화폐를 제조하기 위해 1,000억 원 이상의 많은 비용이 소요되는데, 현금 없는 사회에서는 이 비용을 절약할 수 있어 경제적이다. 마지막으로 현금 없는 사회에서는 자금의 흐름을 보다 정확하게 파악할 수 있다. 이를 통해 경제 흐름을 예측하고 실질적인 정책들을 수립할 수 있어 공공의 이익에도 기여할 수 있다.

① 다양한 비현금 결제 방식을 상황에 맞게 선택한다면 거래에 제약은 없을 것이다.
② 비현금 결제는 빈익빈 부익부 현상을 강화하여 사회 위화감을 조성할 것이다.
③ 개인의 선택의 자유가 확대될 수 있으므로 비현금 결제는 공공 이익에 부정적 영향을 미칠 수 있다.
④ 비현금 결제 방식에 필요한 시스템을 구축하는 데 많은 비용이 소요될 수 있으므로 경제적이라고 할 수 없다.
⑤ 비현금 결제 방식에 필요한 시스템을 구축하는 데 필요한 비용은 우리나라에 이미 구축되어 있는 정보통신 기반시설을 활용한다면 상당 부분 절감할 수 있다.

28

> 상업 광고는 기업은 물론이고 소비자에게도 요긴하다. 기업은 마케팅 활동의 주요한 수단으로 광고를 적극적으로 이용하여 기업과 상품의 인지도를 높이려 한다. 소비자는 소비 생활에 필요한 상품의 성능, 가격, 판매 조건 등의 정보를 광고에서 얻으려 한다. 광고를 통해 기업과 소비자가 모두 이익을 얻는다면 이를 규제할 필요는 없을 것이다. 그러나 광고에서 기업과 소비자의 이익이 상충되는 경우도 있고 광고가 사회 전체에 폐해를 낳는 경우도 있어, 다양한 규제 방식이 모색되었다.
>
> 이때 문제가 된 것은 과연 광고로 인한 피해를 책임질 당사자로서 누구를 상정할 것인가였다. 초기에는 '소비자 책임 부담 원칙'에 따라 광고 정보를 활용한 소비자의 구매 행위에 대해 소비자가 책임을 져야 한다고 보았다. 여기에는 광고 정보가 정직한 것인지와는 상관없이 소비자는 이성적으로 이를 판단하여 구매할 수 있어야 한다는 전제가 있었다. 그래서 기업은 광고에 의존하여 물건을 구매한 소비자가 입은 피해에 대하여 책임을 지지 않았고, 광고의 기만성에 대한 입증 책임도 소비자에게 있었다.

① 상업 광고는 소비자에게 전혀 도움이 되지 않는다.
② 광고가 소비자에게 해를 끼칠 수 있기 때문에 광고를 규제해야 한다.
③ 시장의 독과점 상황이 광범위해지면서 소비자의 자유로운 선택이 어려워졌다.
④ 소비자 책임 부담 원칙에 따르면 소비자는 합리적인 선택을 할 수 있다.
⑤ 소비자 책임 부담 원칙에 따라 소비자는 광고로 입은 피해를 자신이 입증해야 한다.

29 다음 글을 읽고 추론할 수 있는 것을 〈보기〉에서 모두 고르면?

박람회의 목적은 여러 가지가 있다. 박람회를 개최하려는 사람들은 우선 경제적인 효과를 따진다. 박람회는 주최하는 도시뿐 아니라 인접 지역, 크게는 국가적인 차원에서 경제 활성화의 자극이 된다. 박람회에서 전시되는 다양한 최신 제품들은 이러한 기회를 이용하여 소비자들에게 훨씬 가깝게 다가가게 되고, 판매에서도 큰 성장을 이룰 수 있다. 그 밖에도 박람회장 자체가 최신 유형의 건축물과 다양한 오락 시설을 설치하여 거의 이상적이면서 완벽한 모델도시를 보여줌으로써 국가적 우월성을 확보할 수 있다.

그러나 이러한 실질적이고 명목적인 이유들 외에도 박람회가 가지고 있는 사회적인 효과가 있다. 박람회장이 보여주는 이미지는 바로 '다양성'에 있다. 수많은 다양한 볼거리에서 사람들은 마법에 빠져든다. 그러나 보다 자세하게 그 다양성을 살펴보면 그것에는 결코 다양하지 않은 박람회 주최국가와 도시의 지도이념이 숨어 있음을 확인하게 된다. 박람회의 풍성한 진열품, 다양한 세계의 민족과 인종들은 주최국가의 의도를 표현하고 있다. 그런 의미에서 박람회는 그것이 가지고 있는 다양성에도 불구하고 결국은 주최국가와 도시의 인종관, 국가관, 세계관, 진보관이 하나로 뒤섞여서 나타나는 '이데올로기적 통일성'을 표현하는 또 다른 방식이라고 할 수 있다.

여기서 '이데올로기적 통일성'이라고 사용할 때 특히 의식적으로 나타내려는 바는, 한 국가가 국내외에서 자신의 의지를 표현하려고 할 때 구성하는 주요 성분들이다. 이는 '신념, 가치, 근심, 선입관, 반사작용'의 총합으로서 역사적인 시간에 따라 변동한다. 그러나 중요한 것은 당시의 '사회적 인식'을 기초로 해서 당시의 기득권 사회가 이를 그들의 합법적인 위치의 정당성과 권력을 위해 진행하고 있는 투쟁에서 의식적으로 조작된 정치적 무기로서 조직, 설립, 통제를 위한 수단으로 사용하고 있다는 점이다. 19 ~ 20세기의 박람회는 바로 그런 측면을 고스란히 가지고 있는 가장 대표적인 한 공간이었다.

〈보기〉

ㄱ. 글쓴이는 박람회의 경제적 효과뿐만 아니라 사회적 효과에도 주목하고 있다.

ㄴ. 정부는 박람회의 유치 및 운영을 통하여 노동, 이민, 인종 등에서 일어나는 불협화음을 조정하는 '헤게모니의 유지'를 관철시키려 한다.

ㄷ. 박람회는 한 집단의 사회적인 경험에 합법적인 정당성과 소명의식을 확보하기 위한 장치로서의 '상징적 우주(Symbolic Universe)'라고 할 수 있다.

ㄹ. 박람회는 지배계급과 피지배계급 간의 갈등을 다양한 볼거리 속에서 분산시켜, 노동계급에 속하는 사람들을 하나의 개인으로 '타자화(他者化)'하고 정책에 순응하게 하려는 전략의 산물이다.

① ㄱ, ㄷ
② ㄱ, ㄴ, ㄷ
③ ㄱ, ㄴ, ㄹ
④ ㄴ, ㄷ, ㄹ
⑤ ㄱ, ㄴ, ㄷ, ㄹ

30 다음 글을 읽고 바르게 추론한 것을 〈보기〉에서 모두 고르면?

우리가 현재 가지고 있는 믿음들은 추가로 획득된 정보에 의해서 수정된다. 뺑소니사고의 용의자로 갑, 을, 병이 지목되었고 이 중 단 한 명만 범인이라고 하자. 수사관 K는 운전 습관, 범죄 이력 등을 근거로 각 용의자가 범인일 확률을 추측하여, '갑이 범인'이라는 것을 0.3, '을이 범인'이라는 것을 0.45, '병이 범인'이라는 것을 0.25만큼 믿게 되었다고 하자. 얼마 후 병의 알리바이가 확보되어 병은 용의자에서 제외되었다.

그렇다면 K의 믿음의 정도는 어떻게 수정되어야 할까? 믿음의 정도를 수정하는 두 가지 방법이 있다. 방법 A는 0.25를 다른 두 믿음에 동일하게 나누어 주는 것이다. 따라서 병의 알리바이가 확보된 이후 '갑이 범인'이라는 것과 '을이 범인'이라는 것에 대한 K의 믿음의 정도는 각각 0.425와 0.575가 된다. 방법 B는 기존 믿음의 정도에 비례해서 분배하는 것이다. 위 사례에서 '을이 범인'이라는 것에 대한 기존 믿음의 정도 0.45는 '갑이 범인'이라는 것에 대한 기존 믿음의 정도 0.3의 1.5배이다. 따라서 믿음의 정도 0.25도 이 비율에 따라 나누어주어야 한다. 즉 방법 B는 '갑이 범인'이라는 것에는 0.1을, '을이 범인'이라는 것에는 0.15를 추가하는 것이다. 결국 방법 B에 따르면 병의 알리바이가 확보된 이후 '갑이 범인'이라는 것과 '을이 범인'이라는 것에 대한 K의 믿음의 정도는 각각 0.4와 0.6이 된다.

〈보기〉

ㄱ. 만약 기존 믿음의 정도들이 위 사례와 달랐다면, 병이 용의자에서 제외된 뒤 '갑이 범인'과 '을이 범인'에 대한 믿음의 정도의 합은, 방법 A와 방법 B 중 무엇을 이용하는지에 따라 다를 수 있다.

ㄴ. 만약 기존 믿음의 정도들이 위 사례와 달랐다면, 병이 용의자에서 제외된 뒤 '갑이 범인'과 '을이 범인'에 대한 믿음의 정도의 차이는 방법 A를 이용한 결과가 방법 B를 이용한 결과보다 클 수 있다.

ㄷ. 만약 '갑이 범인'에 대한 기존 믿음의 정도와 '을이 범인'에 대한 기존 믿음의 정도가 같았다면, '병이 범인'에 대한 기존 믿음의 정도에 상관없이 병이 용의자에서 제외된 뒤 방법 A를 이용한 결과와 방법 B를 이용한 결과는 서로 같다.

① ㄴ
② ㄷ
③ ㄱ, ㄴ
④ ㄱ, ㄷ
⑤ ㄴ, ㄷ

3일 차
기출응용 모의고사

www.sdedu.co.kr

〈문항 수 및 시험시간〉

삼성 온라인 GSAT		
영역	문항 수	영역별 제한시간
수리	20문항	30분
추리	30문항	30분

3일 차 기출응용 모의고사

| 문항 수 : 50문항 |
| 시험시간 : 60분 |

제1영역 수리

01 30명의 남학생 중에서 16명, 20명의 여학생 중에서 14명이 수학여행으로 국외를 선호하였다. 전체 50명의 학생 중 임의로 선택한 한 명이 국내 여행을 선호하는 학생일 때, 이 학생이 남학생일 확률은?

① $\dfrac{3}{5}$ ② $\dfrac{7}{10}$

③ $\dfrac{4}{5}$ ④ $\dfrac{9}{10}$

⑤ $\dfrac{5}{13}$

02 은탁이는 1, 1, 1, 2, 2, 3을 가지고 여섯 자릿수의 암호를 만들어야 한다. 이때 가능한 암호의 개수는 몇 가지인가?

① 30가지   ② 42가지

③ 60가지   ④ 72가지

⑤ 84가지

03 다음은 어느 해 개최된 올림픽에 참가한 6개국의 성적이다. 이에 대한 설명으로 옳지 않은 것은?

〈국가별 올림픽 성적〉

(단위 : 명, 개)

국가	참가선수	금메달	은메달	동메달	메달 합계
A	240	4	28	57	89
B	261	2	35	68	105
C	323	0	41	108	149
D	274	1	37	74	112
E	248	3	32	64	99
F	229	5	19	60	84

① 획득한 금메달 수가 많은 국가일수록 은메달 수는 적었다.
② 금메달을 획득하지 못한 국가가 가장 많은 메달을 획득했다.
③ 참가선수의 수가 많은 국가일수록 획득한 동메달 수도 많았다.
④ 획득한 메달의 합계가 큰 국가일수록 참가선수의 수도 많았다.
⑤ 참가선수가 가장 적은 국가의 메달 합계는 전체 6위이다.

04 다음은 A, B, C 세 사람의 신장과 체중을 비교한 자료이다. 이에 대한 설명으로 옳은 것은?

〈A, B, C의 신장·체중 비교표〉

(단위 : cm, kg)

구분	2014년		2019년		2024년	
	신장	체중	신장	체중	신장	체중
A	136	41	152	47	158	52
B	142	45	155	51	163	49
C	138	42	153	48	166	55

① 세 사람 모두 신장과 체중은 계속 증가하였다.
② 세 사람의 신장 순위는 2014년과 2024년이 동일하다.
③ 2019년 C는 세 사람 중 가장 키가 크다.
④ 2014년 대비 2024년에 신장이 가장 많이 증가한 사람은 C이다.
⑤ 2014년 대비 2019년에 체중이 가장 많이 증가한 사람은 B이다.

05 다음은 카페 방문자를 대상으로 카페에서의 개인컵 사용률을 조사한 자료이다. 이에 대한 설명으로 옳은 것은?

<카페에서의 개인컵 사용률>

(단위 : 명, %)

구분		조사대상자 수	개인컵 사용률
성별	남성	100	10
	여성	100	20
연령대별	20대 미만	40	15
	20대	55	40
	30대	65	20
	40대	40	15
지역별	수도권	115	37
	수도권 외	85	23

※ 항목별 조사대상자 수는 200명으로 동일하나 조사대상자는 다름

① 조사대상자 중 개인컵 사용자 수는 남성이 여성의 2배이다.
② 조사대상자 중 20 · 30대는 65% 이상이다.
③ 개인컵 사용률이 가장 높은 연령대는 조사대상자 중 개인컵 사용자 수도 가장 많다.
④ 40대 조사대상자에서 개인컵 사용자 수 중 2명이 남성이라면, 여성의 수는 남성의 3배이다.
⑤ 수도권 지역의 개인컵 사용률은 수도권 외 지역보다 15%p 높다.

06 다음은 업소별 월평균 방역횟수에 대한 자료이다. 이에 대한 설명으로 옳지 않은 것은?

〈업소별 월평균 방역횟수〉

(단위 : 회)

구분		2022년		2023년	
		수도권	수도권 외	수도권	수도권 외
공공기관		10	5	15	7
사기업	대기업	18	15	21	16
	중소기업	8	4	13	11
	개인기업	3	1	10	6
학교		10	7	16	15
병원		62	58	88	70
학원·독서실		6	4	8	7
카페		8	6	10	9
식당		11	8	13	10
PC방		7	5	9	6
목욕탕·찜질방		7	1	6	4
노래방		2	1	4	4
유흥업소		2	1	3	2

① 2022년 대비 2023년 공공기관의 월평균 방역횟수 증가율은 수도권 지역이 수도권 외 지역보다 10%p 높다.

② 2022년 사기업 중 수도권 지역과 수도권 외 지역의 월평균 방역횟수의 차이가 가장 큰 곳은 중소기업이고, 2023년에는 개인기업이다.

③ 2023년 수도권 지역의 월평균 방역횟수가 가장 많은 곳과 가장 적은 곳의 차이는 85회이다.

④ 수도권 지역과 수도권 외 지역의 2022년 월평균 방역횟수가 차이가 가장 큰 곳은 목욕탕·찜질방이다.

⑤ 2022년 수도권 외 지역의 카페와 식당의 월평균 방역횟수의 평균횟수는 PC방의 월평균 방역횟수보다 많다.

07 다음은 S가맹점의 2018 ~ 2024년 아르바이트 시급에 대한 자료이다. 이에 대한 설명으로 옳지 않은 것은?

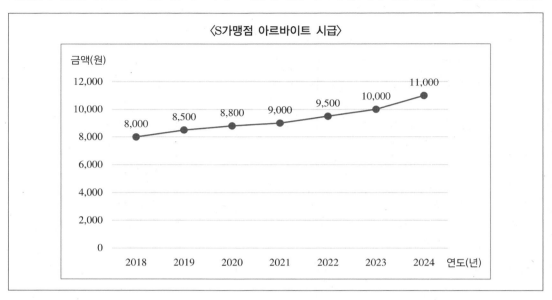

① 2022년, 2023년의 아르바이트 시급은 전년 대비 500원씩 상승하였다.
② 아르바이트 시급의 상승 폭이 가장 작은 해는 2021년이다.
③ 2024년의 시급은 전년 대비 10% 이상 상승하였다.
④ 2024년의 시급은 2018년 대비 30% 미만 상승하였다.
⑤ 아르바이트 시급이 10,000원 이상이 된 연도는 2023년부터이다.

※ 다음은 수출입 형태별 화물실적 자료이다. 이어지는 질문에 답하시오. [8~9]

<table>
<tr><th colspan="2" rowspan="2">구분</th><th colspan="2">총계</th><th colspan="2">해상</th><th colspan="2">항공</th></tr>
<tr><th>건수
(백만 건)</th><th>중량
(백만 톤)</th><th>건수
(백만 건)</th><th>중량
(백만 톤)</th><th>건수
(백만 건)</th><th>중량
(백만 톤)</th></tr>
<tr><td rowspan="2">2023년</td><td>수출</td><td>13</td><td>285</td><td>6</td><td>271</td><td>7</td><td>14</td></tr>
<tr><td>수입</td><td>46</td><td>715</td><td>12</td><td>702</td><td>34</td><td>13</td></tr>
<tr><td rowspan="2">2024년</td><td>수출</td><td>15</td><td>300</td><td>6</td><td>282</td><td>9</td><td>18</td></tr>
<tr><td>수입</td><td>58</td><td>726</td><td>14</td><td>712</td><td>44</td><td>14</td></tr>
</table>

〈수출입 형태별 화물실적〉

08 2023년과 2024년에 해상을 통해 수입한 화물실적의 총건수와 항공을 통해 수입한 총건수의 차이는?

① 49백만 건
② 50백만 건
③ 51백만 건
④ 52백만 건
⑤ 53백만 건

09 위 자료에 대한 〈보기〉의 설명 중 옳지 않은 것을 모두 고르면?

〈보기〉
ㄱ. 2023년 수출 건수 및 수입 건수의 총합은 60백만 건 이상이다.
ㄴ. 해상을 통한 수출 중량은 2023년과 2024년 모두 290백만 톤 미만이다.
ㄷ. 2023년 대비 2024년에 항공을 통한 수출은 건수와 중량 모두 증가하였다.

① ㄱ
② ㄷ
③ ㄱ, ㄴ
④ ㄴ, ㄷ
⑤ ㄱ, ㄴ, ㄷ

※ 다음은 1980년대부터 2020년대까지 연예·방송관련 직업의 연도별 평균 데뷔 나이를 조사한 자료이다. 이어지는 질문에 답하시오. [10~11]

<연도별 연예·방송관련 직업의 평균 데뷔 나이>

(단위 : 세)

구분		1980년대	1990년대	2000년대	2010년대	2020년대
가수	남성	26	28	25	22	18
	여성	18	20	19	20	21
배우	남성	20	23	24	26	25
	여성	18	22	25	26	28
모델	남성	25	27	26	25	28
	여성	20	21	20	24	23
아나운서	남성	27	29	28	32	30
	여성	26	25	26	27	26
개그맨	남성	27	28	25	30	31
	여성	24	26	27	25	26

※ 단순평균 평균 데뷔 나이는 해당되는 수치를 모두 합한 값을 수치의 개수로 나눈 나이임

10 다음 중 위 자료에 대한 설명으로 옳지 않은 것은?

① 남성 가수의 평균 데뷔 나이는 1990년대 가장 높다.
② 배우의 단순평균 평균 데뷔 나이는 매년 높아지고 있다.
③ 남성 모델의 평균 데뷔 나이는 25세 이상이고, 여성 모델의 평균 데뷔 나이는 25세 미만이다.
④ 남성 개그맨의 평균 데뷔 나이가 가장 낮은 해는 여성 개그맨의 평균 데뷔 나이가 가장 높다.
⑤ 여성 모델의 2000년대 대비 2020년대의 평균 데뷔 나이 증가율은 여성 배우보다 낮다.

11 다음 중 위 자료에 대한 설명으로 옳은 것은?

① 여성 배우의 평균 데뷔 나이가 남성 배우보다 높은 연도는 2000년대뿐이다.
② 연예·방송관련 직업군 중 2010년대 ~ 2020년대에 남성 평균 데뷔 나이가 30대 이상인 직업은 아나운서뿐이다.
③ 여성 가수의 1980년대부터 2020년대의 단순평균 평균 데뷔 나이는 20세 미만이다.
④ 1980년대 대비 2020년대 평균 데뷔 나이 증가율은 남성 모델이 여성 모델보다 높다.
⑤ 2000년대 남성 평균 데뷔 나이가 가장 높은 직업과 여성 평균 데뷔 나이가 가장 높은 직업은 동일하다.

※ S편의점은 새로 출시된 상품을 매장에 입고하기 위해 매장 방문고객 중 남성 500명, 여성 500명을 대상으로 상품별 선호도를 다음과 같이 조사하였다. 이어지는 질문에 답하시오. [12~13]

〈사전 선호도 조사 결과〉

후보 상품	종류	남성	여성
A	도시락	74%	41%
B	빵	46%	66%
C	음료	26%	42%
D	도시락	61%	84%
E	음료	78%	52%

※ 응답자는 후보 상품에 대해 '선호' 또는 '비선호'로 응답하였으며, 조사 결과는 '선호' 응답 비율을 의미함

12 사전 선호도 조사 결과에 대한 〈보기〉의 설명 중 옳은 것을 모두 고르면?

〈보기〉

ㄱ. 후보 상품 중 음료에 대한 남성의 선호도는 여성보다 높다.
ㄴ. B상품을 매장에 입고한다면 남성보다 여성이 더 소비할 것으로 예측할 수 있다.
ㄷ. 남성의 경우, 후보 상품 중 빵보다 도시락에 대한 선호도가 높다.

① ㄱ
② ㄴ
③ ㄱ, ㄷ
④ ㄴ, ㄷ
⑤ ㄱ, ㄴ, ㄷ

13 S편의점이 다음 방식에 따라 입고 상품을 선정한다고 할 때, 매장에 입고될 상품으로 옳은 것은?

〈입고 상품 선정 방식〉

• 적합점수가 가장 높은 상품 1개를 선정한다.
• 적합점수는 A ~ E상품에 대한 각 성별의 사전 선호도 점수와 예산점수를 모두 합산한 값으로 도출한다.
• 사전 선호도 점수는 각 성별의 사전 선호도 조사의 응답률을 10으로 나누어 합한다.
• A ~ E상품별 입고 시 필요 예산은 다음과 같으며, 필요 예산이 가장 적은 식품부터 10, 8, 6, 4, 2점의 예산점수를 부여한다.

상품	A	B	C	D	E
필요 예산	250만 원	310만 원	140만 원	710만 원	440만 원

① A
② B
③ C
④ D
⑤ E

※ S사는 모든 직원을 대상으로 자사의 내부 개선에 필요한 사항에 대해 설문 조사를 실시하였다. 설문 조사 결과가 다음과 같을 때, 이어지는 질문에 답하시오. **[14~15]**

〈내부 개선 사항에 대한 설문 조사 결과〉

개선 사항 \ 근속연수	5년 미만	5년 이상 20년 미만	20년 이상
근무 형태 유연화	19%	23%	15%
육아 휴직 활성화	11%	19%	27%
연차 사용 보장	27%	10%	23%
임금 인상	11%	24%	5%
사내 문화 개선	28%	18%	15%
기타	4%	6%	15%

※ 모든 직원은 6개의 항목 중 개선 필요성이 가장 높은 1개의 항목을 선택함

14 다음 중 위 자료에 대한 설명으로 옳은 것은?

① 직원을 근속연수로 구분하였을 때, 근속연수별로 가장 높은 응답률을 보인 항목은 동일하다.
② 연차 사용 보장이 필요하다고 응답한 직원 중 근속연수가 5년 미만인 직원 수가 제일 많다.
③ 근속연수가 20년 이상인 직원들은 육아 휴직 활성화 항목을 가장 많이 선택하였다.
④ 근속연수가 길수록 사내 문화 개선의 필요성을 높게 인식한다.
⑤ 근속연수가 20년 이상인 직원들의 경우 임금 인상에 대해 부정적이다.

15 이번 설문 조사에 참여한 직원 수가 총 900명이라고 할 때, 위 자료에 대한 〈보기〉의 설명 중 옳은 것을 모두 고르면?

─〈보기〉─

ㄱ. 근속연수별 직원의 비율이 1 : 1 : 1이라면, 근무 형태 유연화를 선택한 직원은 150명 이상이다.
ㄴ. 근속연수별 직원의 비율이 3 : 5 : 1이라면, 육아 휴직 활성화를 선택한 직원 중 근속연수가 20년 이상인 직원의 수가 가장 많다.
ㄷ. 근속연수별 직원의 비율이 4 : 3 : 2라면, 근속연수가 20년 이상인 직원 중 사내 문화 개선을 선택한 직원은 40명 이상이다.

① ㄱ
② ㄴ
③ ㄱ, ㄷ
④ ㄴ, ㄷ
⑤ ㄱ, ㄴ, ㄷ

※ 다음은 주요 직업별 종사자 총 2,000명을 대상으로 주 평균 여가시간을 조사한 자료이다. 이어지는 질문에 답하시오. [16~17]

〈주요 직업별 주 평균 여가시간〉

구분	1시간 미만	1시간 이상 3시간 미만	3시간 이상 5시간 미만	5시간 이상	응답자 수
일반회사직	22%	45%	20%	13%	420명
자영업자	36%	35%	25%	4%	180명
공교육직	4%	12%	34%	50%	300명
사교육직	30%	27%	25%	18%	200명
교육 외 공무직	30%	28%	24%	18%	400명
연구직	67%	1%	7%	25%	260명
의료직	52%	5%	2%	41%	240명

16 다음 중 위 자료에 대한 설명으로 옳지 않은 것은?

① 전체 응답자 중 교육에 종사하는 사람이 차지하는 비율은 27% 미만이다.
② 일반회사직 종사자와 자영업자 모두 주 평균 여가시간이 '1시간 이상 3시간 미만'이라고 응답한 인원이 가장 많다.
③ 공교육직 종사자의 응답 비율이 높은 순서대로 나열한 것과 교육 외 공무직 종사자의 응답 비율이 높은 순서대로 나열한 것은 반대의 추이를 보인다.
④ 연구직 종사자와 의료직 종사자의 응답 비율의 차가 가장 큰 구간은 '5시간 이상'이다.
⑤ '3시간 이상 5시간 미만'에 가장 많이 응답한 직업군은 없다.

17 위 자료에 대한 〈보기〉의 설명 중 옳은 것을 모두 고르면?

─〈보기〉─

ㄱ. 전체 응답자 중 공교육직 종사자가 차지하는 비율은 연구직 종사자보다 3%p 높다.
ㄴ. 공교육직 종사자의 응답 비율이 가장 높은 구간의 응답자 수는 사교육직 종사자의 응답 비율이 가장 높은 구간의 응답자 수의 1.5배이다.
ㄷ. '5시간 이상'이라고 응답한 교육 외 공무직 종사자 비율은 연구직 종사자보다 낮지만, 응답자 수는 더 많다.

① ㄱ
② ㄴ
③ ㄷ
④ ㄱ, ㄴ
⑤ ㄴ, ㄷ

18 다음 표는 범죄별 발생 및 검거 건수에 대해 성별로 조사한 자료이다. 이를 보고 그래프로 나타낸 것으로 옳지 않은 것은?(단, 모든 그래프의 단위는 '만 건'이다)

〈범죄별 발생 및 검거 건수〉

(단위 : 만 건)

구분		발생 건수	검거 건수
남성 범죄자	살인	11	8
	폭행	118	110
	강간	21	13
	사기	55	32
	합계	205	163
여성 범죄자	살인	4	2
	폭행	38	35
	강간	2	2
	사기	62	28
	합계	106	67

① 남성 범죄자 범죄별 발생 및 검거 건수

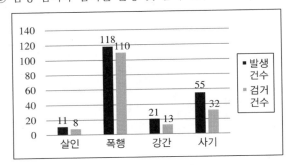

② 여성 범죄자 범죄별 발생 및 검거 건수

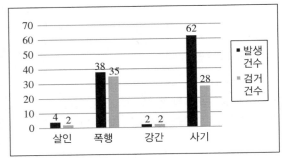

③ 전체 범죄별 발생 및 검거 건수

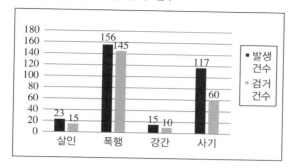

④ 성별 범죄 발생 및 검거 건수

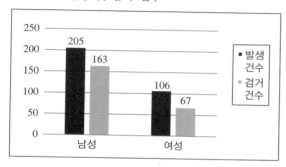

⑤ 남녀 범죄별 발생 건수

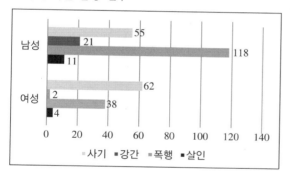

19 다음은 선풍기 조립공장의 작업 인원수별 시간당 생산량을 나타낸 자료이다. 인원수별 생산량의 관계가 주어진 자료와 같을 때 ㉠과 ㉤에 들어갈 숫자는?

작업인원	1	2	3	4	5
생산량	8	㉠	48	–	㉤

※ 생산량 $= a$(작업인원수)$^2 + b^2$(작업인원수), 단, $b > 0$

	㉠	㉤
①	16	248
②	24	240
③	16	960
④	24	120
⑤	32	282

20 S시에서 둘레길 환경 미화 활동을 위해 매일 쓰레기 줍기 운동을 하고 있다. 매일 수거하는 쓰레기의 양이 다음과 같이 일정한 규칙으로 감소할 때, 5월 12일에 수거하는 쓰레기의 양은?

〈S시 둘레길 쓰레기 수거량〉

(단위 : kg)

수거일	5월 3일	5월 4일	5월 5일	5월 6일	5월 7일
수거량	653	642	631	620	609

① 543kg ② 554kg

③ 565kg ④ 576kg

⑤ 587kg

※ 제시된 명제가 모두 참일 때, 다음 중 빈칸에 들어갈 명제로 가장 적절한 것을 고르시오. [1~3]

01

> 전제1. 자전거를 타면 폐활량이 좋아진다.
> 전제2. 주말에 특별한 일이 없으면 자전거를 탄다.
> 결론. _____

① 폐활량이 좋아지면 주말에 특별한 일이 있다.
② 주말에 특별한 일이 없으면 폐활량이 좋아진다.
③ 자전거를 타면 주말에 특별한 일이 없다.
④ 폐활량이 좋아지지 않으면 주말에 특별한 일이 없다.
⑤ 폐활량이 좋아지면 자전거를 탄 것이다.

02

> 전제1. 지구 온난화를 해소하려면 탄소 배출을 줄여야 한다.
> 전제2. 지구 온난화가 해소되지 않으면 기후 위기가 발생한다.
> 결론. _____

① 탄소 배출을 줄이면 지구 온난화가 해소된다.
② 기후 위기가 발생하면 지구 온난화가 해소된다.
③ 탄소 배출을 줄이면 기후 위기가 발생하지 않는다.
④ 지구 온난화를 해소하려면 기후 위기가 발생하지 않아야 한다.
⑤ 기후 위기가 발생하지 않으려면 탄소 배출을 줄여야 한다.

03

> 전제1. 강아지를 좋아하는 사람은 자연을 좋아한다.
> 전제2. _____
> 결론. 자연을 좋아하지 않는 사람은 산을 좋아하지 않는다.

① 강아지를 좋아하지 않는 사람은 자연을 좋아한다.
② 산을 좋아하는 사람은 자연을 좋아하지 않는다.
③ 강아지를 좋아하지 않는 사람은 산을 좋아하지 않는다.
④ 강아지를 좋아하는 사람은 산을 좋아하지 않는다.
⑤ 자연을 좋아하지 않는 사람은 강아지를 좋아한다.

04 A ~ E는 아파트 101 ~ 105동 중 서로 다른 동에 각각 살고 있다. 제시된 내용이 모두 참일 때, 다음 중 반드시 참인 것은?(단, 101 ~ 105동은 일렬로 나란히 배치되어 있다)

- A와 B는 서로 인접한 동에 산다.
- C는 103동에 산다.
- D는 C 바로 옆 동에 산다.

① A는 101동에 산다.
② B는 102동에 산다.
③ D는 104동에 산다.
④ A가 102동에 산다면 E는 105동에 산다.
⑤ B가 102동에 산다면 E는 101동에 산다.

05 A ~ E는 S시에서 개최하는 마라톤에 참가하였다. 제시된 〈조건〉이 모두 참일 때, 다음 중 항상 참이 아닌 것은?

〈조건〉
- A는 B와 C보다 앞서 달리고 있다.
- D는 A보다 뒤에 달리고 있지만, B보다는 앞서 달리고 있다.
- C는 D보다 뒤에 달리고 있지만, B보다는 앞서 달리고 있다.
- E는 C보다 뒤에 달리고 있지만, 다섯 명 중 꼴찌는 아니다.

① 현재 1등은 A이다.
② 현재 꼴찌는 B이다.
③ E는 C와 B 사이에서 달리고 있다.
④ D는 A와 C 사이에서 달리고 있다.
⑤ 현재 순위에 변동 없이 결승점까지 달린다면 C가 4등을 할 것이다.

06 다음 〈조건〉을 바탕으로 C가 반드시 사내 워크숍에 참석하는 경우, 현 부서의 참석자를 바르게 추론한 것은?(단, 부서의 총인원은 A, B, C, D, E 5명이다)

〈조건〉
- B가 워크숍에 참여하면 E는 참여할 수 없다.
- D는 B와 E 모두가 참여하지 않을 경우에만 참석한다.
- A가 워크숍에 갈 경우 B 혹은 D 중의 한 명이 함께 참석한다.
- C가 워크숍에 참석하면 D는 참석하지 않는다.
- C가 워크숍에 참여하면 A도 참여한다.

① A, B, C
② A, C, D
③ A, B, C, D
④ A, B, C, E
⑤ A, C, D, E

07 한 대학교의 기숙사에서는 기숙사에 거주하는 4명(가 ~ 라)을 1층부터 4층에 매년 새롭게 배정하고 있으며, 올해도 배정하려고 한다. 다음 〈조건〉을 참고할 때, 반드시 참인 것은?

〈조건〉
- 한 번 거주한 층에는 다시 거주하지 않는다.
- 가와 라는 2층에 거주한 적이 있다.
- 나와 다는 3층에 거주한 적이 있다.
- 가와 나는 1층에 거주한 적이 있다.
- 가, 나, 라는 4층에 거주한 적이 있다.

① 다는 4층에 배정될 것이다.
② 라는 3층에 거주한 적이 있을 것이다.
③ 라는 1층에 거주한 적이 있을 것이다.
④ 다는 2층에 거주한 적이 있을 것이다.
⑤ 기숙사에 3년 이상 산 사람은 가밖에 없다.

08 S전자 서비스센터의 매니저들(A ~ D)은 이번에 서울, 인천, 과천, 세종의 4개의 다른 지점에서 근무하게 되었다. 다음 〈조건〉을 참고할 때, 반드시 참인 것은?

─〈조건〉─
- 한 번 근무했던 지점에서는 다시 근무하지 않는다.
- A와 C는 서울 지점에서 근무했었다.
- B와 D는 세종 지점에서 근무했었다.
- B는 이번에 과천 지점에서 일하게 되었다.

① A는 과천 지점에서 일한 적이 있다.
② C는 과천 지점에서 일한 적이 있다.
③ D는 인천 지점에서 일한 적이 있다.
④ A가 근무하게 되는 곳은 세종일 수도 있다.
⑤ D는 인천 지점에서 일할 것이다.

09 S회사의 팀장 P는 7가지 업무(A ~ G)에 대해서 효율성을 높이기 위해 순서를 정해서 수행하려고 한다. 다음 〈조건〉을 참고하여 가장 먼저 해야 하는 업무가 B일 때, 세 번째로 해야 할 업무는?

─〈조건〉─
- 중간에 수행하는 업무는 F이다.
- A는 F와 C 이후에 수행하는 업무이다.
- B 바로 다음에는 G를 수행한다.
- D와 E는 F 다음에 수행한다.
- E와 C 사이에 있는 업무는 두 가지이다.
- G와 F 사이에는 하나의 업무가 있다.
- D보다 나중에 하는 업무는 없다.

① A   ② C
③ E   ④ F
⑤ G

10 K리그의 네 팀(서울, 울산, 전북, 제주)에 대한 정보를 참고할 때, 다음 중 항상 옳지 않은 것은?

- 경기는 하루에 한 경기만 열린다.
- 화요일에는 전북이 제주와 원정 경기를 하고, 토요일에는 서울이 전북과 홈경기를 한다.
- 원정 경기를 치른 다음날은 반드시 쉰다.
- 이틀 연속으로 홈경기를 하면 다음날은 반드시 쉰다.
- 각 팀은 모두 일주일에 세 번 각각 다른 팀과 경기를 한다.
- 각 팀은 적어도 한 번은 홈경기를 한다.

① 제주가 원정 경기를 할 수 있는 날은 모두 평일이다.
② 제주가 수요일에 경기를 한다면, 목요일에는 경기를 할 수 없다.
③ 서울이 주말에 모두 경기를 한다면, 월요일에는 경기를 할 수 없다.
④ 전북이 목요일에 경기를 한다면, 금요일의 경기는 서울과 제주의 경기이다.
⑤ 울산이 금요일에 홈경기를 한다면, 제주와의 시합이다.

11 어느 문구점에서는 3층짜리의 매대에 6개의 물품을 배치하여 팔고 있다. 다음에 근거하여 바르게 추론한 것은?

- 물품은 수정테이프, 색종이, 수첩, 볼펜, 지우개, 샤프이다.
- 샤프는 가장 아래층에 진열되어 있다.
- 볼펜은 매대의 중앙에 위치하고 있다.
- 색종이보다 아래에 있는 물품은 4종류이다.
- 지우개보다 아래 있는 물품은 없다.
- 수첩은 지우개와 색종이 사이에 있다.
- 각 매대에는 두 종류의 문구류가 있다.

① 매대 1층에는 샤프와 지우개가 있을 것이다.
② 볼펜보다 위에 있는 것은 색종이가 아니다.
③ 색종이는 샤프와 같은 층이다.
④ 수정테이프는 색종이보다는 아래층에 있다.
⑤ 색종이와 지우개 사이에 있는 것은 샤프이다.

12 한 고등학교는 5층으로 되어있는 건물에 위치한다. 총 8개의 학급(1 ~ 8반)을 각 층에 배치하려고 할 때, 다음에 근거하여 바르게 추론한 것은?

> • 1층에는 학교에 하나뿐인 교장실과 교무실이 있어서 학급을 배치할 수 없다.
> • 2층부터 5층에는 같은 수의 학급이 위치한다.
> • 각 층에는 짝수반 하나, 홀수반 하나가 위치한다.
> • 8반은 가장 위층에 있으며, 8반과 같은 층을 쓰는 반은 3반이다.
> • 6반은 3반과 5반의 사이에 있다.
> • 2반보다 아래에 있는 학급은 2개의 학급이다.
> • 7반과 4반은 같은 층을 쓰며, 4반의 아래층에는 교장실과 교무실이 있다.

① 4층에는 6반과 5반이 있다.
② 5반보다 위에 있는 학급은 총 2개이다.
③ 2반은 3층에 위치하며, 7반과 같은 층을 쓴다.
④ 7반은 2층에 있으며, 7반 아래에 있는 학급은 없다.
⑤ 6반은 3층에 위치한다.

13 A ~ E 5명에게 지난 달 핸드폰 통화 요금이 가장 많이 나온 사람부터 1위에서 5위까지의 순위를 추측하라고 하고, 그 순위를 물었더니 각자 예상하는 두 사람의 순위를 다음과 같이 대답하였다. 각자 예상한 순위 중 하나는 옳고 다른 하나는 옳지 않다고 한다. 이들의 대답으로 미루어 실제 핸드폰 통화 요금이 가장 많이 나온 사람은?

> • A : D가 두 번째이고, 내가 세 번째이다.
> • B : 내가 가장 많이 나왔고, C가 두 번째로 많이 나왔다.
> • C : 내가 세 번째이고, B가 제일 적게 나왔다.
> • D : 내가 두 번째이고, E가 네 번째이다.
> • E : A가 가장 많이 나왔고, 내가 네 번째이다.

① A   ② B
③ C   ④ D
⑤ E

14 S초등학교에서 현장체험학습을 가기 위해 6명의 학생(가 ~ 바)을 일렬로 세우려고 한다. 다음 〈조건〉을 모두 만족하도록 배치할 때, 학생들의 배치로 적절한 것은?

〈조건〉
- 총 6명의 학생을 모두 일렬로 배치해야 한다.
- 가는 맨 앞 또는 맨 뒤에 서야 한다.
- 나 뒤쪽에는 바가 올 수 없지만, 앞쪽에는 올 수 있다.
- 라는 다의 바로 뒤에 설 수 없다.
- 마와 라는 연달아 서야 한다.
- 다는 맨 앞 또는 맨 뒤에 설 수 없다.

① 가 – 나 – 바 – 마 – 라 – 다
② 가 – 다 – 마 – 라 – 바 – 나
③ 마 – 라 – 다 – 나 – 가 – 바
④ 바 – 나 – 다 – 가 – 마 – 라
⑤ 바 – 다 – 마 – 나 – 라 – 가

15 매주 화요일에 진행되는 취업스터디에 A ~ E 5명의 친구가 함께 참여하고 있다. 스터디 불참 시 벌금이 부과되는 스터디 규칙에 따라 지난주 불참한 2명은 벌금을 내야 한다. 이들 중 2명이 거짓말을 하고 있다고 할 때, 다음 중 옳은 것은?

- A : 내가 다음 주에는 사정상 참석할 수 없지만 지난주에는 참석했어.
- B : 지난주 불참한 C가 반드시 벌금을 내야 해.
- C : 지난주 스터디에 A가 불참한 건 확실해.
- D : 사실 나는 지난주 스터디에 불참했어.
- E : 지난주 스터디에 나는 참석했지만, B는 불참했어.

① A와 B가 벌금을 내야 한다.
② A와 C가 벌금을 내야 한다.
③ A와 E가 벌금을 내야 한다.
④ B와 D가 벌금을 내야 한다.
⑤ D와 E가 벌금을 내야 한다.

※ 다음 제시된 도형의 규칙을 보고 물음표에 들어갈 도형으로 알맞은 것을 고르시오. [16~18]

16

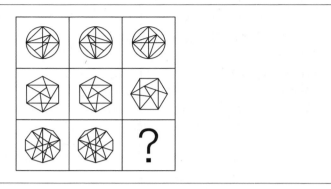

①

②

③

④

⑤

17

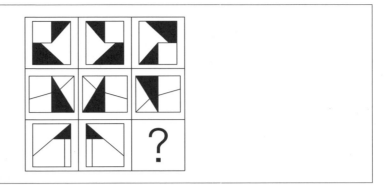

①   ②

③   ④

⑤

18

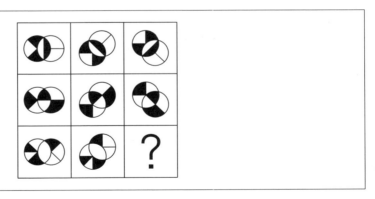

①   ②

③   ④

⑤

※ 다음 도식에서 기호들은 일정한 규칙에 따라 문자를 변화시킨다. 물음표에 들어갈 문자로 알맞은 것을 고르시오
(단, 규칙은 가로와 세로 중 한 방향으로만 적용된다). **[19~22]**

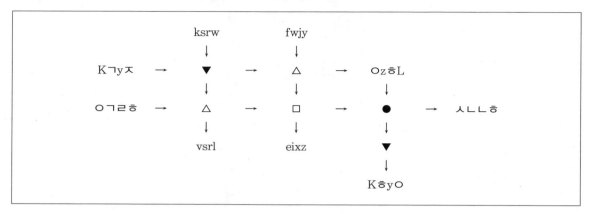

19

> ㅅㄴㄹㅁ → ▼ → □ → ?

① ㅁㄴㄹㅅ   ② ㅁㄹㄴㅅ
③ ㅁㅅㄴㄹ   ④ ㅇㄱㄷㅂ
⑤ ㅅㄱㄹㄹ

20

> isog → ● → △ → ?

① hsog   ② iosg
③ gosi   ④ hsng
⑤ irof

21

$$? \rightarrow \blacktriangledown \rightarrow \bullet \rightarrow \text{yenv}$$

① neyv   ② vney

③ yfnw   ④ wyfn

⑤ wnfy

22

$$? \rightarrow \square \rightarrow \triangle \rightarrow \text{ㅇㅌㄷㄹ}$$

① ㅈㄹㅋㄷ   ② ㅊㄹㄷㅈ

③ ㅈㅊㄹㄷ   ④ ㅅㅌㄴㄹ

⑤ ㅅㅌㄹㄴ

23

먹을거리가 풍부한 현대인의 가장 큰 관심사 중 하나는 웰빙과 다이어트일 것이다. 현대인은 날씬한 몸매에 대한 열망이 지나쳐서 비만한 사람들이 나태하다고 생각하기도 하고, 심지어는 거식증으로 인해 사망한 패션 모델까지 있었다. 이러한 사회적 경향 때문에 우리가 먹는 음식물에 포함된 지방이나 기름 성분은 몸에 좋지 않은 '나쁜 성분'으로 매도당하기도 한다. 물론 과도한 지방 섭취, 특히 몸에 좋지 않은 지방은 비만의 원인이 되고 당뇨병, 심장병, 고혈압과 같은 각종 성인병을 유발하지만, 사실 지방은 우리 몸이 정상적으로 활동하는 데 필수적인 성분이다.

(가) 먹을 것이 풍족하지 않은 상황에서 생존에 필수적인 능력은 다름 아닌 에너지를 몸에 축적하는 능력이었다.

(나) 사실 비만과 다이어트의 문제는 찰스 다윈(Charles R. Darwin)의 진화론과 밀접한 관련이 있다. 찰스 다윈은 19세기 영국의 생물학자로 『종의 기원』이라는 책을 써서 자연선택을 통한 생물의 진화 과정을 설명하였다.

(다) 약 100년 전만 해도 우리나라를 비롯한 전 세계 대부분의 국가는 식량이 그리 풍족하지 않았다. 실제로 수십만 년 지속된 인류의 역사에서 인간이 매일 끼니 걱정을 하지 않고 살게 된 것은 최근 수십 년의 일이다.

(라) 생물체가 살아남고 번식을 해서 자손을 남길 수 있느냐 하는 것은 주위 환경과의 관계가 중요한 역할을 하는데, 자연선택이란 주위 환경에 따라 생존하기에 적합한 성질 또는 기능을 가진 종들이 그렇지 못한 종들보다 더 잘 살아남게 되어 자손을 남기게 된다는 개념이다.

그러므로 인류는 이러한 축적 능력이 유전적으로 뛰어난 사람들이 그렇지 않은 사람들보다 상대적으로 더 잘 살아남았을 것이다. 그렇게 살아남은 자들의 후손인 현대인들이 달거나 기름진 음식을 본능적으로 좋아하게 된 것은 진화의 당연한 결과였다. 그리하여 음식이 풍부한 현대 사회에서는 이러한 유전적 특성은 단점으로 작용하게 되었다. 지방이 풍부한 음식을 찾는 경향은 지나치게 지방을 축적하게 했고, 결국 부작용으로 이어졌다.

① (나) - (가) - (라) - (다) ② (나) - (다) - (가) - (라)
③ (나) - (라) - (다) - (가) ④ (다) - (가) - (나) - (라)
⑤ (다) - (라) - (가) - (나)

24

(가) 고전주의 예술관에 따르면 진리는 예술 작품 속에 이미 완성된 형태로 존재한다. 독자는 작가가 담아 놓은 진리를 '원형 그대로' 밝혀내야 하고 작품에 대한 독자의 감상은 언제나 작가의 의도와 일치해야 한다. 결국 고전주의 예술관에서 독자는 작품의 의미를 수동적으로 받아들이는 존재일 뿐이다. 하지만 작품의 의미를 해석하고 작가의 의도를 파악하는 존재는 결국 독자이다. 특히 현대 예술에서는 독자에 따라 작품에 대한 다양한 해석이 가능하다고 여긴다. 바로 여기서 수용미학이 등장한다.

(나) 이저는 텍스트 속에 독자의 역할이 들어있다고 보았다. 그러나 독자가 어떠한 역할을 수행할지는 정해져 있지 않기 때문에 독자는 텍스트를 읽는 과정에서 텍스트의 내용과 형식에 끊임없이 반응한다. 이러한 상호작용 과정을 통해 독자는 작품을 재생산한다. 텍스트는 다양한 독자에 따라 다른 작품으로 태어날 수 있으며, 같은 독자라도 시간과 장소에 따라 다른 작품으로 생산될 수 있는 것이다. 이처럼 텍스트와 독자의 상호작용을 강조한 이저는 작품의 내재적 미학에서 탈피하여 작품에 대한 다양한 해석의 가능성을 열어주었다.

(다) 야우스에 의해 제기된 독자의 역할을 체계적으로 정리한 사람이 '이저'이다. 그는 독자의 능동적 역할을 밝히기 위해 '텍스트'와 '작품'을 구별했다. 텍스트는 독자와 만나기 전의 것을, 작품은 독자가 텍스트와의 상호작용을 통해 그 의미가 재생산된 것을 가리킨다. 그런데 이저는 텍스트에는 '빈틈'이 많다고 보았다. 이 빈틈으로 인해 텍스트는 '불명료성'을 가진다. 텍스트에 빈틈이 많다는 것은 부족하다는 의미가 아니라 독자의 개입에 의해 언제나 새롭게 해석될 수 있다는 것을 의미한다.

(라) 수용미학을 처음으로 제기한 사람은 야우스이다. 그는 "문학사는 작품과 독자 간의 대화의 역사로 쓰여야 한다."고 주장했다. 이것은 작품의 의미는 작품 속에 갇혀 있는 것이 아니라 독자에 의해 재생산되는 것임을 말한 것이다. 이로부터 문학을 감상할 때 작품과 독자의 관계에서 독자의 능동성이 강조되었다.

① (가) – (다) – (라) – (나) 　　② (가) – (라) – (다) – (나)
③ (나) – (가) – (다) – (라) 　　④ (다) – (가) – (나) – (라)
⑤ (라) – (가) – (나) – (다)

25

글쓰기 양식은 글 내용을 담는 그릇으로 내용을 강제한다. 이런 측면에서 다산 정약용이 '원체(原體)'라는 문체를 통해 정치라는 내용을 담고자 했던 '양식 선택의 정치학'은 특별한 의미를 갖는다.

원체는 작가가 당대(當代)의 정치적 쟁점이 되는 핵심 개념을 액자화하여 새롭게 의미를 환기하려는 의도를, 과학적 방식에 의거하여 설득하려는 정치·과학적 글쓰기라고 할 수 있다. 당나라 한유(韓愈)가 다섯 개의 원체 양식의 문장을 지은 이후 후대의 학자들은 이를 모범으로 삼았다. 원체는 고문체는 아니지만 새롭게 부상한 문체로서, 당대 사상의 핵심 개념에 대해 정체성을 추구하는 분석적이고 학술적인 글쓰기이자 정치적 글쓰기로 정립되었다. 다산은 원체가 가진 이러한 정치·과학적 힘을 인식하고 『원정(原政)』이라는 글을 남겼다.

그런데 다산은 단순히 개인적인 차원에서 원체를 선택한 것이 아니었다. 그것은 새로운 시각의 정식화라는 당대의 문화적 추세를 반영한 것이었다. 다산의 원체와 유비될 수 있는 것으로 당시 새롭게 등장한 미술 사조인 정선(鄭敾)의 진경(眞景) 화법을 들 수 있다. 진경 화법에서 다산의 글쓰기와 구조적으로 유사한 점들을 찾을 수 있다. 진경 화법의 특징은 경관(景觀)을 모사하는 사경(寫景)에 있는 것이 아니라 회화적 재구성을 통하여 경관에서 받은 미적 감흥을 창조적으로 구현하는 데 있다. 이와 같은 진경 화법은 각 지방의 무수한 사경에서 터득한 시각의 정식화를 통해 만들어졌다. 실경을 새로운 기법을 통하여 정식화한 진경 화법은 다산이 전통적인 시무책(時務策) 형식을 탈피하고 새로운 관점으로 정치를 포착하고 표현하기 위해 채택한 원체의 글쓰기와 다를 바 없다. 다산이 쓴 『원정』은 기존 정치 개념의 답습 또는 모방이 아니라 정치의 정체성에 대한 질문을 통하여 그가 생각하는 정치에 관한 새로운 관점을 정식화하여 제시한 것이다.

① 원체는 분석적이고 과학적인 글쓰기 양식이다.

② 다산의 원체는 당대의 문화적 추세를 반영한다.

③ 진경 화법은 경관에서 받은 미적 감흥을 창조적으로 구현하였다.

④ 실물을 있는 그대로 모사하는 진경 화법은 『원정』과 구조적으로 유사하다.

⑤ 다산은 『원정』에서 기존의 정치 개념을 그대로 모방하기보다는 정치에 관한 새로운 관점을 제시하였다.

1970년대 이후 미국의 사회 규범과 제도는 소득 불균형을 심화시켰고 그런 불균형을 묵과했다고 볼 수 있다. 그 예로 노동조합의 역사를 보자. 한때 노동조합은 소득 불균형을 제한하는 역할을 하였고, 노동조합이 몰락하자 불균형을 억제하던 힘이 사라졌다.

제조업이 미국경제를 주도할 때 노동조합도 제조업 분야에서 가장 활발했다. 그러나 지금 미국경제를 주도하는 것은 서비스업이다. 이와 같은 산업구조의 변화는 기술의 발전이 주된 요인이지만 많은 제조업 제품을 주로 수입에 의존하게 된 것이 또 다른 요인이다. 이러한 사실에 기초하여 노동조합의 몰락은 산업구조의 변화가 그 원인이라는 견해가 지배적이었다. 그러나 노동조합이 전반적으로 몰락한 주요 원인을 제조업 분야의 쇠퇴에서 찾는 이러한 견해는 틀린 것으로 판명되었다.

1973년 전체 제조업 종사자 중 39%였던 노동조합원의 비율이 2005년에는 13%로 줄어들었을 뿐더러, 새롭게 부상한 서비스업 분야에서도 조합원들을 확보하지 못했다. 예를 들어 대표적인 서비스 기업인 W마트는 제조업에 비해 노동조합이 생기기에 더 좋은 조건을 갖추고 있었다. W마트 직원들이 더 높은 임금과 더 나은 복리후생 제도를 요구할 수 있는 노동조합에 가입되어 있었더라면, 미국의 중산층은 수십만 명 더 늘었을 것이다. 그런데도 W마트에는 왜 노동조합이 없는가?

1960년대에는 노동조합을 인정하던 기업과 이에 관련된 이해집단들이 1970년대부터는 노동조합을 공격하기 시작했다. 1970년대 말과 1980년대 초에는, 노동조합을 지지하는 노동자 20명 중 적어도 한 명이 불법적으로 해고되었다. 1970년대 중반 이후 기업들은 보수적 성향의 정치적 영향력에 힘입어 노동조합을 압도할 수 있게 되었다. 소득의 불균형에 강력하게 맞섰던 노동조합이 축소된 것이다. 이처럼 노동조합의 몰락은 정치와 기업이 결속한 결과이다.

① 1973년부터 2005년 사이에 미국 제조업에서는 노동조합원의 비율이 감소하였다.
② 1970년대 중반 이후 노동조합의 몰락에는 기업뿐 아니라 보수주의적 정치도 일조하였다.
③ 미국에서 제조업 상품의 수입의존도 상승은 서비스업이 경제를 주도하는 산업 분야가 되는 요인 중 하나였다.
④ 미국 제조업 분야 내에서의 노동조합 가입률 하락은 산업구조의 변화로 인한 서비스업의 성장 때문이다.
⑤ 1970년대 말 이후 미국 기업이 노동조합을 지지하는 노동자들에게 행한 조치 중에는 합법적이지 못한 경우도 있었다.

27 다음 글에 대한 반론으로 가장 적절한 것은?

> 어떤 경제 주체의 행위가 자신과 거래하지 않는 제3자에게 의도하지 않게 이익이나 손해를 주는 것을 '외부성'이라 한다. 과수원의 과일 생산이 인접한 양봉업자에게 벌꿀 생산과 관련한 이익을 준다든지, 공장의 제품 생산이 강물을 오염시켜 주민들에게 피해를 주는 것 등이 대표적인 사례이다.
>
> 외부성은 사회 전체로 보면 이익이 극대화되지 않는 비효율성을 초래할 수 있다. 개별 경제 주체가 제3자의 이익이나 손해까지 고려하여 행동하지는 않을 것이기 때문이다. 예를 들어, 과수원의 이윤을 극대화하는 생산량이 Qa라고 할 때, 생산량을 Qa보다 늘리면 과수원의 이윤은 줄어든다. 하지만 이로 인한 과수원의 이윤 감소보다 양봉업자의 이윤 증가가 더 크다면, 생산량을 Qa보다 늘리는 것이 사회적으로 바람직하다. 하지만 과수원이 자발적으로 양봉업자의 이익까지 고려하여 생산량을 Qa보다 늘릴 이유는 없다.
>
> 전통적인 경제학은 이러한 비효율성의 해결책이 보조금이나 벌금과 같은 정부의 개입이라고 생각한다. 보조금을 받거나 벌금을 내게 되면 제3자에게 주는 이익이나 손해가 더 이상 자신의 이익과 무관하지 않게 되므로, 자신의 이익에 충실한 선택이 사회적으로 바람직한 결과로 이어진다는 것이다.

① 일반적으로 과수원은 양봉업자의 입장을 고려하지 않는다.
② 과수원 생산자는 자신의 의도와 달리 다른 사람들에게 손해를 끼칠 수 있다.
③ 과수원자에게 보조금을 지급한다면 생산량을 Qa보다 늘리려 할 것이다.
④ 정부의 개입을 통해 외부성으로 인한 비효율성을 줄일 수 있다.
⑤ 정부의 개입 과정에서 시간과 노력이 많이 들게 되면 비효율성이 늘어날 수 있다.

28 다음 글을 읽고, 이를 비판하기 위한 근거로 적절하지 않은 것은?

> 태어날 때부터 텔레비전을 좋아하거나 싫어하는 아이는 없다. 다만, 좋아하도록 습관이 들 뿐이다. 이 사실은 부모가 텔레비전을 시청하는 태도나 시청하는 시간을 잘 선도하면 바람직한 방향으로 습관이 형성될 수도 있다는 점을 시사해 준다. 텔레비전을 많이 보는 아이들보다 적게 보는 아이들이 행실도 바르고, 지능도 높으며, 학업 성적도 좋다는 사실을 밝혀 낸 연구 결과도 있다. 부모의 시청 시간과 아이들의 시청 행위 사이에도 깊은 관계가 있다. 일반적으로, 텔레비전을 장시간 시청하는 가족일수록 가족 간의 대화나 가족끼리 하는 공동 행위가 적다. 결과적으로 텔레비전과 거리가 멀수록 좋은 가정이 된다는 말이다.

① 가족끼리 저녁 시간에 같은 텔레비전 프로그램을 보면서 대화하는 경우도 많다.
② 텔레비전 프로그램에는 교육적인 요소도 많이 있고 학습을 위한 전문방송도 있다.
③ 여가 시간에 텔레비전을 시청하는 것은 개인의 휴식에 도움이 된다.
④ 텔레비전을 통해 정보와 지식을 습득하여 학업에 이용하는 학생들도 증가하고 있다.
⑤ 가족 내에서도 개인주의가 만연하는 시대에 드라마 시청 시간만이라도 가족들이 모이는 시간을 가질 수 있다.

29 다음 글을 토대로 〈보기〉를 바르게 해석한 것은?

요즘 대세로 불리는 폴더블 스마트폰이나 커브드 모니터를 직접 보거나 사용해 본 적이 있는가? 혁신적인 디자인과 더불어 사용자에게 뛰어난 몰입감을 제공하며 시장에서 큰 인기를 끌고 있는 이 제품들의 사양을 자세히 보면 'R'에 대한 값이 표시되어 있음을 알 수 있다. 이 R은 반지름(Radius)을 뜻하며 제품의 굽혀진 곡률을 나타내는데, 이 R의 값이 작을수록 접히는 부분의 빈 공간이 없어 완벽하게 접힌다.

일반적으로 여러 층의 레이어로 구성된 패널은 접었을 때 앞면에는 줄어드는 힘인 압축응력이, 뒷면에는 늘어나는 힘인 인장응력이 동시에 발생한다. 이처럼 서로 반대되는 힘인 압축응력과 인장응력이 충돌하면서 패널의 구조에 영향을 주는 것을 '폴딩 스트레스'라고 하는데, 곡률이 작을수록 즉, 더 접힐수록 패널이 받는 폴딩 스트레스가 높아진다. 따라서 곡률이 상대적으로 작은 인폴딩 패널이 곡률이 큰 아웃폴딩 패널보다 개발 난이도가 높은 셈이다.

───〈보기〉───

S전자는 이번 행사에서 1.4R의 인폴딩 패널을 사용한 폴더블 스마트폰을 개발하는 데 성공했다고 발표했다. 이는 아웃폴딩 패널을 사용한 H기업이나 동일한 인폴딩 패널을 사용한 A기업의 폴더블 스마트폰보다 현저히 낮은 곡률이다.

① 이번에 H기업에서 새로 개발한 1.6R의 작은 곡률이 적용된 패널을 사용한 폴더블 스마트폰은 S전자에서 개발한 폴더블 스마트폰과 동일한 방식의 패널을 사용했을 것이다.

② 아웃폴딩 패널을 사용한 H기업의 폴더블 스마트폰은 이번에 S전자에서 개발한 폴더블 스마트폰보다 폴딩 스트레스가 낮을 것이다.

③ 인폴딩 패널을 사용한 A기업의 폴더블 스마트폰은 S전자에서 개발한 폴더블 스마트폰과 개발 난이도가 비슷했을 것이다.

④ 아웃폴딩 패널을 사용한 H기업의 폴더블 스마트폰의 R값이 인폴딩 패널을 사용한 A기업의 폴더블 스마트폰의 R값보다 작을 것이다.

⑤ S전자의 폴더블 스마트폰의 R값이 경쟁 기업보다 작은 것은 여러 층으로 구성된 패널의 층수를 타 기업의 패널보다 줄여 압축응력과 인장응력으로 인한 스트레스를 줄였기 때문일 것이다.

30 다음 중 '클라우드'를 ⊙으로 볼 수 있는 이유로 〈보기〉에서 적절한 것을 모두 고르면?

최근 들어 화두가 되는 IT 관련 용어가 있으니 바로 클라우드(Cloud)이다. 그렇다면 클라우드는 무엇인가? 클라우드란 인터넷상의 서버를 통해 데이터를 저장하고 이를 네트워크로 연결하여 콘텐츠를 사용할 수 있는 컴퓨팅 환경을 말한다.

그렇다면 클라우드는 기존의 웹하드와 어떤 차이가 있을까? 웹하드는 일정한 용량의 저장 공간을 확보해 인터넷 환경의 PC로 작업한 문서나 파일을 저장, 열람, 편집하고 다수의 사람과 파일을 공유할 수 있는 인터넷 파일 관리 시스템이다. 한편 클라우드는 이러한 웹하드의 장점을 수용하면서 콘텐츠를 사용하기 위한 소프트웨어까지 함께 제공한다. 그리고 저장된 정보를 개인 PC나 스마트폰 등 각종 IT 기기를 통하여 언제 어디서든 이용할 수 있게 한다. 이것은 클라우드 컴퓨팅 기반의 동기화 서비스를 통해 가능하다. 즉, 클라우드 컴퓨팅 환경을 기반으로 사용자가 보유한 각종 단말기끼리 동기화 절차를 거쳐 동일한 데이터와 콘텐츠를 이용할 수 있게 하는 시스템인 것이다.

클라우드는 구름(cloud)과 같이 무형의 형태로 존재하는 하드웨어, 소프트웨어 등의 컴퓨팅 자원을 자신이 필요한 만큼 빌려 쓰고 이에 대한 사용 요금을 지급하는 방식의 컴퓨팅 서비스이다. 여기에는 서로 다른 물리적인 위치에 존재하는 컴퓨팅 자원을 가상화 기술로 통합해 제공하는 기술이 활용된다.

클라우드는 평소에 남는 서버를 활용하므로 클라우드 환경을 제공하는 운영자에게도 유용하지만, 사용자 입장에서는 더욱 유용하다. 개인적인 데이터 저장 공간이 따로 필요하지 않기에 저장 공간의 제약도 극복할 수 있다. 가상화 기술과 분산 처리 기술로 서버의 자원을 묶거나 분할하여 필요한 사용자에게 서비스 형태로 제공되기 때문에 개인의 컴퓨터 가용률이 높아지는 것이다. 이러한 높은 가용률은 자원을 유용하게 활용하는 ⊙ 그린 IT 전략과도 일치한다.

또한 클라우드 컴퓨팅을 도입하는 기업 또는 개인은 컴퓨터 시스템을 유지·보수·관리하기 위하여 들어가는 비용과 서버의 구매 및 설치 비용, 업데이트 비용, 소프트웨어 구매 비용 등 엄청난 비용과 시간, 인력을 줄일 수 있고 에너지 절감에도 기여할 수 있다. 하지만 서버가 해킹당할 경우 개인 정보가 유출될 수 있고, 서버 장애가 발생하면 자료 이용이 불가능하다는 단점도 있다. 따라서 사용자들이 안전한 환경에서 서비스를 이용할 수 있도록 보안에 대한 대책을 강구하고 위험성을 최소화할 수 있는 방안을 마련하여야 한다.

───────────〈보기〉───────────

ㄱ. 남는 서버를 활용하여 컴퓨팅 환경을 제공함
ㄴ. 빌려 쓴 만큼 사용 요금을 지급하는 유료 서비스임
ㄷ. 사용자들이 안전한 환경에서 서비스를 이용하게 함
ㄹ. 저장 공간을 제공하여 개인 컴퓨터의 가용률을 높임

① ㄱ, ㄴ   ② ㄱ, ㄹ

③ ㄴ, ㄷ   ④ ㄷ, ㄹ

⑤ ㄱ, ㄷ, ㄹ

4일 차
기출응용 모의고사

〈문항 수 및 시험시간〉

삼성 온라인 GSAT		
영역	문항 수	영역별 제한시간
수리	20문항	30분
추리	30문항	30분

4일 차 기출응용 모의고사

문항 수 : 50문항
시험시간 : 60분

제 1영역 수리

01 빨간 공 4개, 하얀 공 6개가 들어있는 주머니에서 한 번에 2개를 꺼낼 때, 적어도 1개는 하얀 공을 꺼낼 확률은?

① $\frac{1}{4}$

② $\frac{5}{12}$

③ $\frac{9}{15}$

④ $\frac{13}{15}$

⑤ $\frac{14}{15}$

02 어떤 학급에서 이어달리기 대회 대표로 A ~ E 5명의 학생 중 3명을 순서와 상관없이 뽑을 수 있는 경우의 수는?

① 5가지

② 10가지

③ 20가지

④ 60가지

⑤ 120가지

03 다음은 S대학교 남학생 600명, 여학생 400명을 대상으로 동아리 가입 여부에 대한 조사한 자료이다. 조사한 전체 학생 중 동아리에 가입한 학생의 비율은?

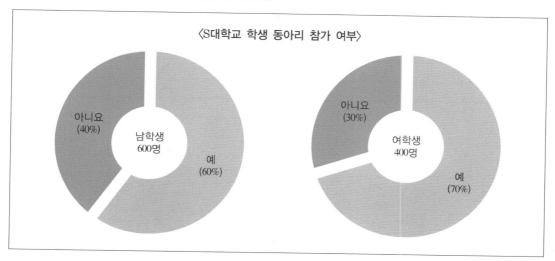

〈S대학교 학생 동아리 참가 여부〉

① 62%
② 64%
③ 66%
④ 68%
⑤ 70%

04 다음은 어느 나라의 2023년과 2024년의 생산 가능 인구구성의 변화를 나타낸 것이다. 2023년과 비교한 2024년의 상황에 대한 설명으로 옳은 것은?

〈생산 가능 인구구성의 변화〉

구분	취업자	실업자	비경제활동인구
2023년	55%	25%	20%
2024년	43%	27%	30%

※ (생산 가능 인구)=(경제활동인구)+(비경제활동인구)

① 실업자 비율은 감소하였다.
② 경제활동인구 비율은 증가하였다.
③ 취업자 비율의 증감폭이 실업자 비율의 증감폭보다 작다.
④ 비경제활동인구 비율은 감소하였다.
⑤ 취업자 비율과 실업자 비율의 차이는 감소하였다.

05 다음은 연도별 회식참여율에 대한 자료이다. 이에 대한 설명으로 옳지 않은 것은?

〈연도별 회식참여율〉

(단위 : %)

구분		2000년	2010년	2020년
성별	남성	88	61	44
	여성	68	55	34
연령대별	20대	94	68	32
	30대	81	63	34
	40대	77	58	47
	50대	86	54	51
직급별	사원	91	75	51
	대리	88	64	38
	과장	74	55	42
	부장	76	54	48
지역별	수도권	91	63	41
	수도권 외	84	58	44

① 2020년 남성과 여성의 회식참여율 차이는 2000년보다 50% 감소하였다.

② 2000년에는 연령대가 올라갈수록 회식참여율이 감소하는 반면, 2020년에는 연령대가 올라갈수록 회식참여율이 증가하고 있다.

③ 20대의 2010년 회식참여율과 2020년 회식참여율의 차이는 36%p이다.

④ 2000년과 2010년의 회식참여율 차이가 가장 큰 직급은 대리이다.

⑤ 조사연도 동안 수도권 지역과 수도권 외 지역의 회식참여율의 차이는 감소하고 있다.

※ 다음은 규모별 지진 발생 현황이다. 이어지는 질문에 답하시오. **[6~7]**

〈규모별 지진 발생 현황〉

(단위 : 건)

리히터 규모별	남북별	2019년	2020년	2021년	2022년	2023년
전체	합계	49	44	252	223	115
	대한민국	39	41	229	197	102
	북한	10	3	23	26	13
ML≥5	합계	1	0	3	1	0
	대한민국	1	0	3	1	0
	북한	0	0	0	0	0
5>ML≥4	합계	0	0	1	1	1
	대한민국	0	0	1	1	1
	북한	0	0	0	0	0
4>ML≥3	합계	7	5	30	17	4
	대한민국	7	5	25	15	1
	북한	0	0	5	2	3
3>ML	합계	41	39	218	204	110
	대한민국	31	36	200	180	96
	북한	10	3	18	24	14

06 위 자료에 대한 〈보기〉의 설명 중 옳지 않은 것을 모두 고르면?

─〈보기〉─

ㄱ. 리히터 규모가 5 이상인 지진은 2019년부터 2023년까지 매년 대한민국에서 더 많이 발생하였다.
ㄴ. 리히터 규모가 3 미만인 지진의 총 발생횟수는 2019년에 비해 2020년에 증가하였다.
ㄷ. 2023년 총 지진 발생횟수는 2021년 총 지진 발생횟수의 절반보다 많다.
ㄹ. 대한민국과 북한의 총 지진 발생횟수의 차가 가장 큰 해는 2021년이다.

① ㄱ, ㄴ
② ㄷ, ㄹ
③ ㄱ, ㄴ, ㄷ
④ ㄱ, ㄷ, ㄹ
⑤ ㄴ, ㄷ, ㄹ

07 2021년과 2022년에 리히터 규모가 3보다 크거나 같고 5보다 작은 지진이 발생한 총 횟수의 합으로 옳은 것은?

① 22
② 40
③ 47
④ 49
⑤ 66

※ 다음은 S시의 일일 분야별 경찰청 민원 건수에 대한 자료이다. 이어지는 질문에 답하시오. **[8~9]**

〈일일 분야별 경찰청 민원 건수(표)〉

(단위 : 건)

구분	교통	경찰 · 검찰 · 법원	행정 · 안전	환경	도로	기타
민원 건수	300	160	40	20	50	30

〈일일 분야별 경찰청 민원 건수(그래프)〉

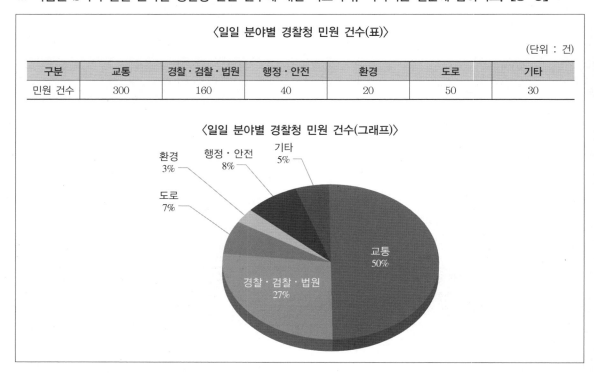

08 다음 중 위 자료에 대한 설명으로 옳지 않은 것은?

① 일일 전체 민원 건수는 600건이다.

② 상위 2개 분야가 차지하는 비율은 전체의 75% 이상이다.

③ 그래프에서 도로 분야와 행정·안전 분야가 서로 뒤바뀌었다.

④ 기타를 제외한 민원 건수가 가장 적은 분야는 환경 관련 민원이다.

⑤ 경찰·검찰·법원 관련 민원 건수는 교통 관련 민원 건수의 절반 이하이다.

09 그다음 날, 교통 관련 민원 건수는 150건 증가하였고, 나머지 분야의 민원 건수는 모두 50건씩 증가하였을 때, 전체 민원 건수에서 교통 관련 민원 건수가 차지하는 비율은?

① 40%
② 45%
③ 50%
④ 55%
⑤ 60%

〈현 직장 만족도〉

만족분야별	직장유형별	2023년	2024년
전반적 만족도	기업	6.0	6.5
	공공연구기관	5.7	6.5
	대학	6.3	7.2
임금과 수입 만족도	기업	4.3	4.5
	공공연구기관	3.8	4.0
	대학	3.7	3.5
근무시간 만족도	기업	5.5	6.6
	공공연구기관	6.0	6.9
	대학	6.4	8.0
사내분위기 만족도	기업	6.3	6.0
	공공연구기관	5.8	5.8
	대학	6.7	6.2

10 2023년 3개 유형 직장의 전반적 만족도의 합은 2024년 3개 유형 직장의 임금과 수입 만족도의 합의 몇 배인가?

① 1.5배　　　　　　　　　　　② 1.6배
③ 1.7배　　　　　　　　　　　④ 1.8배
⑤ 2배

11 다음 중 위 자료에 대한 설명으로 옳지 않은 것은?

① 2023년과 2024년 모두 현 직장에 대한 전반적 만족도는 대학 유형에서 가장 높다.
② 2024년 전반적 만족도에서는 기업과 공공연구기관의 만족도가 동일하다.
③ 2024년에 모든 유형의 직장에서 임금과 수입의 만족도는 전년 대비 증가하였다.
④ 사내분위기 만족도에서 2023년과 2024년 공공연구기관의 만족도는 동일하다.
⑤ 2024년 근무시간 만족도의 전년 대비 증가율은 대학 유형이 가장 높다.

※ 다음은 2024년 상반기 부동산시장 소비심리지수에 대한 자료이다. 이어지는 질문에 답하시오. [12~13]

〈2024년 상반기 부동산시장 소비심리지수〉

구분	2024년 1월	2024년 2월	2024년 3월	2024년 4월	2024년 5월	2024년 6월
서울특별시	120	130	127	128	113	90
인천광역시	123	127	126	126	115	105
경기도	124	127	124	126	115	103
부산광역시	126	129	130	135	125	110
대구광역시	90	97	106	106	100	96
광주광역시	115	116	114	113	109	107
대전광역시	115	119	120	126	118	114
울산광역시	100	106	110	108	105	95
강원도	135	134	128	130	124	115
충청북도	109	108	108	110	103	103
충청남도	105	110	112	109	102	98
전라북도	114	117	122	120	113	106
전라남도	120	123	120	124	120	116
경상북도	97	100	100	96	94	96
경상남도	103	108	115	114	110	100

※ 부동산시장 소비심리지수는 0 ~ 200의 값으로 표현되며, 지수가 100을 넘으면 전월에 비해 가격 상승 및 거래 증가 응답자가 많음을 의미함

12 다음 중 위 자료에 대한 설명으로 옳지 않은 것은?

① 2024년 1월 소비심리지수가 100 미만인 지역은 두 곳이다.

② 2024년 2월 소비심리지수가 두 번째로 높은 지역의 소비심리지수와 두 번째로 낮은 지역의 소비심리지수의 차이는 30이다.

③ 2024년 5월 모든 지역의 소비심리지수가 전월보다 감소하였다.

④ 2024년 3월에 비해 2024년 4월에 가격 상승 및 거래 증가 응답자가 적었던 지역은 경상북도 한 곳이다.

⑤ 서울특별시의 2024년 1월 대비 2024년 6월의 소비심리지수 감소율은 20% 미만이다.

13 경상북도의 전월 대비 2024년 4월의 소비심리지수 감소율과 대전광역시의 2024년 3월 대비 2024년 6월의 소비심리지수 감소율의 합은?

① 7%p
② 8%p
③ 9%p
④ 10%p
⑤ 11%p

※ 다음은 주요 국가별·연도별 청년층 실업률 추이를 나타낸 자료이다. 이어지는 질문에 답하시오. **[14~15]**

〈주요 국가별·연도별 청년층(15 ~ 24세) 실업률 추이〉

(단위 : %)

구분	2019년	2020년	2021년	2022년	2023년	2024년
대한민국	10	8	10	12	9	11
독일	13	12	10	11	10	13
미국	11	10	13	18	18	17
영국	15	14	14	19	19	20
일본	10	9	7	9	9	10
OECD 평균	13	12	13	16	17	16

14 다음 중 위 자료에 대한 설명으로 옳지 않은 것은?

① 2020년 일본 청년층 실업률의 전년 대비 감소율은 7% 이상이다.
② 대한민국 청년층 실업률은 매년 OECD 평균보다 낮다.
③ 영국은 청년층 실업률이 주요 국가 중에서 매년 가장 높다.
④ 2022년 독일 청년층 실업률의 전년 대비 증가율은 대한민국보다 높다.
⑤ 2023년 청년층 실업률의 2021년 대비 증가량이 OECD 평균 실업률의 2021년 대비 2023년 증가량보다 높은 나라는 영국, 미국이다.

15 2019년과 비교하여 2024년에 청년층 실업률이 가장 크게 증가한 나라는?

① 독일   ② 미국
③ 영국   ④ 일본
⑤ 대한민국

※ 다음은 국내 연간 취수량에 대한 자료이다. 이어지는 질문에 답하시오. [16~17]

<국내 연간 취수량>

(단위 : 천만 m³)

구분		2017년	2018년	2019년	2020년	2021년	2022년	2023년	2024년
지하수		8	7	8	10	12	14	15	14
지표수	하천표류수	330	315	325	325	340	330	335	310
	하천복류수	45	42	45	48	(가)	50	50	45
	댐	310	310	335	320	330	340	345	325
	기타 저수지	7	6	7	7	8	6	5	6
총 취수량		700	680	720	710	730	740	750	(나)

16 다음 중 (가)+(나)의 값은?

① 660

② 680

③ 700

④ 720

⑤ 740

17 다음 중 위 자료에 대한 설명으로 옳은 것은?

① 총 취수량은 2020년 이후 계속 증가하였다.

② 2018 ~ 2024년 중 모든 항목의 취수량이 전년보다 증가한 해는 2019년뿐이다.

③ 하천표류수의 양이 가장 많았던 해에 댐의 취수량도 가장 많았다.

④ 2023년과 2024년에 지표수의 양은 총 취수량의 99% 이상을 차지한다.

⑤ 연간 취수량은 댐이 하천표류수보다 항상 적다.

18 다음은 우리나라 강수량에 대한 자료이다. 이를 그래프로 바르게 변환한 것은?

〈우리나라 강수량〉

(단위 : mm, 위)

구분	1월	2월	3월	4월	5월	6월	7월	8월	9월	10월	11월	12월
강수량	15	30	24	65	30	60	308	240	92	68	13	22
역대순위	32	23	39	30	44	43	14	24	26	13	44	27

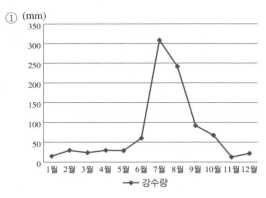

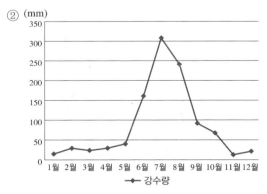

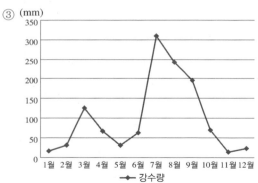

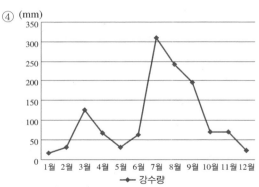

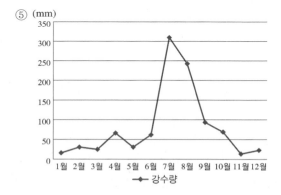

19 S수목원에의 꽃의 수가 다음과 같은 규칙을 보일 때, 2024년 10월에 예측되는 꽃의 수는?

〈S수목원 꽃의 수 변화〉

(단위 : 송이)

연/월	2023년 12월	2024년 1월	2024년 2월	2024년 3월	2024년 4월	2024년 5월
꽃의 수	20	30	50	80	130	210

① 1,980송이

② 2,160송이

③ 2,330송이

④ 3,020송이

⑤ 3,770송이

20 가로등의 밝기가 다음과 같이 거리에 따라 변할 때, 10m 떨어진 곳에서의 가로등의 밝기는?

〈가로등의 밝기 변화〉

(단위 : lux)

거리	1m	2m	3m	4m	5m
밝기	45	11.25	5	2.8125	1.8

① 0.70lux

② 0.45lux

③ 0.20lux

④ 0.05lux

⑤ 0.01lux

※ 제시된 명제가 모두 참일 때, 다음 중 빈칸에 들어갈 명제로 가장 적절한 것을 고르시오. **[1~3]**

01

> 전제1. 어휘력이 좋지 않으면 책을 많이 읽지 않은 것이다.
> 전제2. 글쓰기 능력이 좋지 않으면 어휘력이 좋지 않은 것이다.
> 결론. _____

① 책을 많이 읽지 않으면 어휘력이 좋지 않은 것이다.
② 글쓰기 능력이 좋으면 어휘력이 좋은 것이다.
③ 어휘력이 좋지 않으면 글쓰기 능력이 좋지 않은 것이다.
④ 책을 많이 읽으면 어휘력이 좋은 것이다.
⑤ 글쓰기 능력이 좋지 않으면 책을 많이 읽지 않은 것이다.

02

> 전제1. 커피를 많이 마시면 카페인을 많이 섭취한다.
> 전제2. 커피를 많이 마시지 않으면 불면증이 생기지 않는다.
> 결론. _____

① 카페인을 많이 섭취하면 커피를 많이 마신 것이다.
② 커피를 많이 마시면 불면증이 생긴다.
③ 카페인을 많이 섭취하면 불면증이 생긴다.
④ 불면증이 생기지 않으면 카페인을 많이 섭취하지 않은 것이다.
⑤ 불면증이 생기면 카페인을 많이 섭취한 것이다.

03

> 전제1. 환율이 오르면 어떤 사람은 X주식을 매도한다.
> 전제2. X주식을 매도한 모든 사람은 Y주식을 매수한다.
> 결론. _____

① 환율이 오르면 모든 사람은 Y주식을 매수한다.
② 환율이 오르면 어떤 사람은 Y주식을 매수한다.
③ 모든 사람이 X주식을 매도하면 환율이 오른다.
④ 모든 사람이 Y주식을 매수하면 환율이 오른다.
⑤ Y주식을 매도한 모든 사람은 X주식을 매수한다.

※ 다음 〈조건〉을 참고하여 추론한 것으로 적절한 것을 고르시오. [4~5]

04

───〈조건〉───
- 커피를 마시면 치즈케이크도 먹는다.
- 마카롱을 먹으면 요거트를 먹지 않는다.
- 요거트를 먹지 않으면 커피를 마신다.
- 치즈케이크를 먹으면 초코케이크를 먹지 않는다.
- 아이스크림을 먹지 않으면 초코케이크를 먹는다.

① 마카롱을 먹으면 아이스크림을 먹는다.
② 요거트를 먹지 않으면 초코케이크를 먹는다.
③ 아이스크림을 먹으면 치즈케이크를 먹는다.
④ 커피를 마시지 않으면 초코케이크를 먹는다.
⑤ 치즈케이크를 먹지 않으면 마카롱을 먹는다.

05

───〈조건〉───
- 수진이는 어제 밤 10시에 자서 오늘 아침 7시에 일어났다.
- 지은이는 어제 수진이보다 30분 늦게 자서 오늘 아침 7시가 되기 10분 전에 일어났다.
- 혜진이는 항상 9시에 자고, 8시간의 수면 시간을 지킨다.
- 정은이는 어제 수진이보다 10분 늦게 잤고, 혜진이보다 30분 늦게 일어났다.

① 지은이는 가장 먼저 일어났다.
② 정은이는 가장 늦게 일어났다.
③ 혜진이의 수면 시간이 가장 짧다.
④ 수진이의 수면 시간이 가장 길다.
⑤ 수진, 지은, 혜진, 정은 모두 수면 시간이 8시간 이상이다.

06 S사의 사내 식당에서는 이번 주 식단표를 짤 때, 쌀밥, 콩밥, 보리밥, 조밥, 수수밥의 5가지 종류의 밥을 지난주에 제공된 요일과 겹치지 않게 하려고 한다. 다음 〈조건〉을 참고할 때, 반드시 참인 것은?

─〈조건〉─
- 월요일부터 금요일까지, 5가지의 밥은 겹치지 않게 제공된다.
- 쌀밥과 콩밥은 지난 주 월요일과 목요일에 제공된 적이 있다.
- 보리밥과 수수밥은 화요일과 금요일에 제공된 적이 있다.
- 조밥은 이번 주 수요일에 제공된다.
- 콩밥은 이번 주 화요일에 제공된다.

① 월요일에 먹을 수 있는 것은 보리밥 또는 수수밥이다.
② 금요일에 먹을 수 있는 것은 보리밥 또는 쌀밥이다.
③ 쌀밥은 지난 주 화요일에 제공된 적이 있다.
④ 콩밥은 지난 주 수요일에 제공된 적이 있다.
⑤ 수수밥은 지난 주 목요일에 제공된 적이 있다.

07 5명의 선생님(A ~ E)이 1반부터 5반 중에서 새로 반 배정을 받으려고 한다. 다음 〈조건〉을 참고할 때, 반드시 참인 것은?

─〈조건〉─
- 한 번 배정되었던 반에는 다시 배정되지 않는다.
- A는 1반과 3반에 배정되었던 적이 있다.
- B는 2반과 4반에 배정되었던 적이 있다.
- C는 올해 4반에 배정되었다.
- D는 2반과 5반에 배정되었던 적이 있다.
- E는 올해 5반에 배정되었다.

① B는 1반에 배정될 수도 있다.
② D는 2반에 배정될 것이다.
③ A는 3반에 배정될 수도 있다.
④ C는 4반에 배정된 적이 있을 것이다.
⑤ E는 이전에 1반에 배정되었을 것이다.

08 S사에서는 보고서를 통과시키기 위해서 총 6명(a ~ f)에게 결재를 받아야 한다. 다음 〈조건〉을 참고하여 최종 결재를 받아야 하는 사람이 c일 때, 세 번째로 결재를 받아야 할 사람은?

〈조건〉
- c 바로 앞 순서인 사람은 f이다.
- b는 f와 c 보다는 앞 순서이다.
- e는 b보다는 앞 순서이다.
- e와 c는 d보다 뒤의 순서다.
- a는 e보다 앞 순서이다.
- 한 사람당 한 번만 거친다.

① a
② b
③ d
④ e
⑤ f

09 S는 6가지의 운동(a ~ f)을 순서를 정해서 차례대로 매일 하고자 한다. 두 번째로 하는 운동이 a라고 할 때, 다섯 번째로 하는 운동은?

〈조건〉
- 6가지의 운동을 모두 한 번씩 한다.
- a보다 e를 먼저 수행한다.
- c는 e보다 나중에 수행한다.
- d는 b와 c보다 나중에 수행한다.
- d보다 나중에 수행할 운동은 f이다.

① b
② c
③ d
④ e
⑤ f

10 S종합병원에는 3개의 층이 있고, 각 층에는 1개의 접수처와 1개의 입원실 그리고 5개의 진료과를 포함한 총 7개의 시설이 위치하고 있다. 다음에 근거하여 바르게 추론한 것은?

- 가장 아래층에는 총 두 개의 진료과와 접수처가 위치한다.
- 정신과보다 높은 층에 있는 시설은 없다.
- 정형외과와 피부과보다 아래에 있는 시설은 없다.
- 정신과와 같은 층에는 하나의 진료과만 존재한다.
- 입원실과 내과는 같은 층에 위치한다.
- 산부인과는 2층에 위치한다.

① 정형외과에서 층 이동을 하지 않고도 정신과에 갈 수 있다.
② 산부인과가 있는 층에서 한 층을 올라가면 정형외과에 갈 수 있다.
③ 가장 낮은 층에 있는 것은 입원실이다.
④ 입원실과 내과는 정신과와 접수처의 사이 층에 위치한다.
⑤ 피부과는 산부인과와 같은 층에 위치한다.

11 S동물원에는 총 5개의 관람 섹션(A ~ E섹션)이 있고, 각각의 섹션은 알파벳 순서대로 입구부터 출구까지 차례로 배치되어 있다. 한 섹션 당 한 종류의 동물이 있다. 다음에 근거하여 바르게 추론한 것은?

- 기린은 입구와 가장 가까이 있다.
- 거북이는 악어의 다음 섹션에 있어야 한다.
- 호랑이는 악어보다 입구에 가까울 수 없다.
- 코끼리는 기린과 거북이 사이 섹션(들) 중 하나에 있다.
- 악어는 관람 섹션들 중 중앙에 위치하고 있다.

① 기린 바로 다음으로 볼 수 있는 것은 악어이다.
② 거북이는 호랑이보다 출구에 가까이 있다.
③ 악어는 D섹션에서 볼 수 있다.
④ 코끼리는 C섹션보다 입구 쪽에 위치할 수는 없다.
⑤ 출구에 가장 가까이 위치한 동물은 호랑이이다.

12 S사는 직원들을 위해서 4층짜리 기숙사를 운영하고 있다. 기숙사의 각 층에는 사람들이 3명씩 총 12명의 직원(가 ~ 타)이 살고 있다. 다음에 근거하여 바르게 추론한 것은?

> • 가는 마, 바와 같은 층에 살고 있다.
> • 마가 살고 있는 층보다 높은 층에 사는 사람은 9명이다.
> • 나와 사는 같은 층에 살고 있고, 차가 사는 곳 한 층 아래에 산다.
> • 아는 3층에 살고 있다.
> • 다와 카는 가장 높은 4층에 산다.
> • 라와 자는 가보다 한 층 높은 곳에 살고 있다.
> • 차보다 높은 층에 사는 사람은 없다.

① 다와 라는 같은 층에 살고 있을 것이다.
② 타는 바의 바로 아래층에 살고 있다.
③ 사보다 높은 층에 사는 사람은 다, 차, 카이다.
④ 자는 3층에 살고 있다.
⑤ 타는 기숙사의 제일 높은 층에 산다.

13 한 항공사에서 승객 7명(가 ~ 사)의 자리를 배정하려고 한다. 다음 〈조건〉에 따라 자리를 배정할 때, 적절한 것은?

> ─────〈조건〉─────
> • 한 줄에는 세 개의 섹션이 있다.
> • 한 줄에 2명·3명·2명씩 앉는다.
> • 나와 마는 부부이기 때문에 한 섹션에 나란히 앉아야 한다.
> • 가와 다는 다른 섹션에 앉아야 한다.
> • 가와 사가 한 섹션에 앉아 있다면, 다와 라도 한 섹션에 앉아야 한다.
> • 가와 바는 한 섹션에 앉아야 한다.
> • 라는 2명 있는 섹션에 배정되어야 한다.

① (가, 다), (나, 마, 사), (라, 바)
② (가, 사), (나, 마, 다), (라, 바)
③ (가, 사), (나, 다, 라), (바, 마)
④ (나, 마), (가, 바, 사), (다, 라)
⑤ (가, 바), (나, 마, 라), (다, 사)

14 사과 12개를 A ~ E 5명의 사람들이 나누어 먹고 다음과 같은 대화를 나눴다. 이 중에서 단 1명만이 진실을 말하고 있다고 할 때, 다음 중 사과를 가장 많이 먹은 사람과 적게 먹은 사람을 순서대로 짝지은 것은?(단, 모든 사람은 적어도 1개 이상의 사과를 먹었다)

- A : 나보다 사과를 적게 먹은 사람은 없어.
- B : 나는 사과를 2개 이하로 먹었어.
- C : D는 나보다 사과를 많이 먹었고, 나는 B보다 사과를 많이 먹었어.
- D : 우리 중에서 사과를 가장 많이 먹은 사람은 A야.
- E : 나는 사과를 4개 먹었고, 우리 중에 먹은 사과의 개수가 같은 사람이 있어.

① B, D　　　　　　　　　　　② B, A
③ E, A　　　　　　　　　　　④ E, C
⑤ E, D

15 자선 축구대회에 한국, 일본, 중국, 미국 대표팀이 초청되었다. 각 팀은 제시된 〈조건〉에 따라 월요일부터 금요일까지 서울, 수원, 인천, 대전 경기장을 돌아가며 사용한다고 할 때, 다음 중 옳지 않은 것은?

───〈조건〉───
- 각 경기장에는 한 팀씩 연습하며 연습을 쉬는 팀은 없다.
- 모든 팀은 모든 구장에서 적어도 한 번 이상 연습을 해야 한다.
- 외국에서 온 팀의 첫 훈련은 공항에서 가까운 수도권 지역에 배정한다.
- 이동거리 최소화를 위해 각 팀은 한 번씩 경기장 한 곳을 두 번 연속해서 사용해야 한다.
- 미국은 월요일, 화요일에 수원에서 연습을 한다.
- 목요일에 인천에서는 아시아 팀이 연습을 할 수 없다.
- 금요일에 중국은 서울에서, 미국은 대전에서 연습을 한다.
- 한국은 인천에서 연속으로 연습을 한다.

① 목요일, 금요일에 연속으로 같은 지역에서 연습하는 팀은 없다.
② 수요일에 대전에서는 일본이 연습을 한다.
③ 대전에서는 한국, 중국, 일본, 미국의 순서로 연습을 한다.
④ 한국은 화요일, 수요일에 같은 지역에서 연습을 한다.
⑤ 미국과 일본은 한 곳을 연속해서 사용하는 날이 같다.

16

①

②

③

④

⑤

17

①

②

③

④

⑤

18

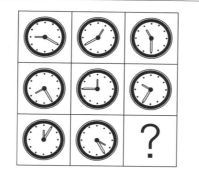

①

②

③

④

⑤

※ 다음 도식에서 기호들은 일정한 규칙에 따라 문자를 변화시킨다. 물음표에 들어갈 문자로 알맞은 것을 고르시오 (단, 규칙은 가로와 세로 중 한 방향으로만 적용된다). [19~22]

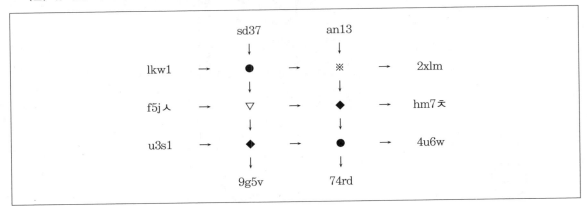

19

$$g7n1 \rightarrow ※ \rightarrow ● \rightarrow ?$$

① 5h2o
② dk12
③ sn9s
④ 2o8h
⑤ h0aw

20

$$5va1 \rightarrow ▽ \rightarrow ◆ \rightarrow ?$$

① 5ㅈb9
② 7dx4
③ ㅈir2
④ woc9
⑤ 2f71

21

$$? \rightarrow \triangledown \rightarrow \bullet \rightarrow h7y8$$

① 67ix

② 78hy

③ 87yh

④ xz78

⑤ 89hy

22

$$? \rightarrow \blacklozenge \rightarrow \divideontimes \rightarrow k69s$$

① 6jo2

② 41ho

③ 62oh

④ ip51

⑤ h26o

23

(가) 이때 보험금에 대한 기댓값은 사고가 발생할 확률에 사고 발생 시 받을 보험금을 곱한 값이다. 보험금에 대한 보험료의 비율(보험료/보험금)을 보험료율이라 하는데, 보험료율이 사고 발생 확률보다 높으면 구성원 전체의 보험료 총액이 보험금 총액보다 더 많고, 그 반대의 경우에는 구성원 전체의 보험료 총액이 보험금 총액보다 더 적게 된다. 따라서 공정한 보험에서는 보험료율과 사고 발생 확률이 같아야 한다.

(나) 위험 공동체의 구성원이 내는 보험료와 지급받는 보험금은 그 위험 공동체의 사고 발생 확률을 근거로 산정된다. 특정 사고가 발생할 확률은 정확히 알 수 없지만, 그동안 발생한 사고를 바탕으로 그 확률을 예측한다면 관찰 대상이 많아짐에 따라 실제 사고 발생 확률에 근접하게 된다.

(다) 본래 보험 가입의 목적은 금전적 이득을 취하는 데 있는 것이 아니라 장래의 경제적 손실을 보상받는 데 있으므로, 위험 공동체의 구성원은 자신이 속한 위험 공동체의 위험에 상응하는 보험료를 내는 것이 공정할 것이다.

(라) 따라서 공정한 보험에서는 구성원 각자가 내는 보험료와 그가 지급받을 보험금에 대한 기댓값이 일치해야 하며 구성원 전체의 보험료 총액과 보험금 총액이 일치해야 한다.

① (가) – (나) – (다) – (라)
② (가) – (다) – (라) – (나)
③ (가) – (라) – (나) – (다)
④ (나) – (다) – (라) – (가)
⑤ (나) – (라) – (다) – (가)

(가) 킬러 T세포는 혈액이나 림프액을 타고 몸속 곳곳을 순찰하는 일을 담당하는 림프 세포의 일종이다. 킬러 T세포는 감염된 세포를 직접 공격하는데, 세포 하나하나를 점검하여 바이러스에 감염된 세포를 찾아낸다. 이 과정에서 바이러스에 감염된 세포가 킬러 T세포에게 발각이 되면 죽게 된다. 그렇다면 킬러 T세포는 어떤 방법으로 바이러스에 감염된 세포를 파괴할까?

(나) 지금도 우리 몸의 이곳저곳에서는 비정상적인 세포분열이나 바이러스 감염이 계속되고 있다. 하지만 우리 몸에 있는 킬러 T세포가 병든 세포를 찾아내 파괴하는 메커니즘이 정상적으로 작동하고 있는 한 건강한 상태를 유지할 수 있다. 이렇듯 면역 시스템은 우리 몸을 지켜주는 수호신이다. 또한 우리 몸이 유기적으로 잘 짜인 구조임을 보여주는 좋은 예라고 할 수 있다.

(다) 그다음 킬러 T세포가 활동한다. 킬러 T세포는 자기 표면에 있는 TCR(T세포 수용체)을 통해 세포의 밖으로 나온 MHC와 펩티드 조각이 결합해 이루어진 구조를 인식함으로써 바이러스 감염 여부를 판단한다. 만약 MHC와 결합된 펩티드가 바이러스 단백질의 것이라면 T세포는 활성화되면서 세포를 공격하는 단백질을 감염된 세포 속으로 보낸다. 이렇게 T세포의 공격을 받은 세포는 곧 죽게 되며 그 안의 바이러스 역시 죽음을 맞이하게 된다.

(라) 우리 몸은 자연적 치유의 기능을 가지고 있다. 자연적 치유는 우리 몸에 바이러스(항원)가 침투하더라도 외부의 도움 없이 이겨낼 수 있는 면역 시스템을 가지고 있다는 것을 의미한다. 그런데 이러한 면역 시스템에 관여하는 세포 중에서 매우 중요한 역할을 하는 세포가 있다. 그것은 바로 바이러스에 감염된 세포를 직접 찾아내 제거하는 킬러 T세포(Killer T Cells)이다.

(마) 면역 시스템에서 먼저 활동을 시작하는 것은 세포 표면에 있는 MHC(주요 조직 적합성 유전자 복합체)이다. MHC는 꽃게 집게발 모양의 단백질 분자로 세포 안에 있는 단백질 조각을 세포 표면으로 끌고 나오는 역할을 한다. 본래 세포 속에는 자기 단백질이 대부분이지만, 바이러스에 감염되면 원래 없던 바이러스 단백질이 세포 안에 만들어진다. 이렇게 만들어진 자기 단백질과 바이러스 단백질은 단백질 분해효소에 의해 펩티드 조각으로 분해되어 세포 속을 떠돌아다니다가 MHC와 결합해 세포 표면으로 배달되는 것이다.

① (가) – (나) – (마) – (라) – (다)

② (나) – (가) – (마) – (다) – (라)

③ (나) – (다) – (가) – (라) – (마)

④ (라) – (가) – (마) – (다) – (나)

⑤ (라) – (나) – (가) – (다) – (마)

※ 다음 글의 내용이 참일 때 항상 거짓인 것을 고르시오. [25~26]

25

'캐리 벅 사건(1927)'은 버지니아주에서 시행하는 강제불임시술의 합헌성에 대한 판단을 다룬 것이다. 버지니아주에서는 정신적 결함을 가진 사람들의 불임시술을 강제하는 법을 1924년에 제정하여 시행하고 있었다. 이 법은 당시 과학계에서 받아들여지던 우생학의 연구결과들을 반영한 것인데, 유전에 의해 정신적으로 결함이 있는 자들에게 강제불임시술을 함으로써 당사자의 건강과 이익을 증진하는 것을 목적으로 하였다. 우생학은 인간의 유전과 유전형질을 연구하여, 결함이 있는 유전자를 제거하여 인류를 개선하는 것이 주목적이었는데, 정신이상자, 정신박약자, 간질환자 등을 유전적 결함을 가진 대상으로 보았다.

이 사건의 주인공인 캐리 벅은 10대 후반의 정신박약인 백인 여성으로서 정신박약자들을 수용하기 위한 시설에 수용되어 있었다. 법에 따르면, 캐리 벅은 불임시술을 받지 않으면 수십 년 동안 수용시설에 갇혀 기본적인 의식주만 공급받고 다른 사회적 권리와 자유가 제약받을 수밖에 없는 상황이었다.

미국 연방대법원은 강제불임시술을 규정한 버지니아주 주법을 합헌으로 판단하였다. 이 사건의 다수의견을 작성한 홈즈 대법관은 판결의 이유를 다음과 같이 밝혔다.

"사회 전체의 이익 때문에 가장 우수한 시민의 생명을 희생시키는 일도 적지 않다. 사회가 무능력자로 차고 넘치는 것을 막고자 이미 사회에 부담이 되는 사람들에게 그보다 작은 희생을 요구하는 것이 금지된다고 할 수는 없다. 사회에 적응할 능력이 없는 사람들의 출산을 금지하는 것이 사회에 이익이 된다. 법률로 예방접종을 하도록 강제할 수 있는 것과 같은 원리로 나팔관 절제도 강제할 수 있다고 해야 한다."

이 사건은 사회적 파장이 매우 컸다. 당시 미국의 주들 가운데는 강제불임시술을 규정하고 있는 주들이 있었지만 그중 대부분의 주들이 이러한 강제불임시술을 실제로는 하고 있지 않았다. 하지만 연방대법원의 이 사건 판결이 나자 많은 주들이 새로운 법률을 제정하거나, 기존의 법률을 개정해서 버지니아주법과 유사한 법률을 시행하게 되었다. 버지니아주의 강제불임시술법은 1974년에야 폐지되었다.

① 당시 우생학에 따르면 캐리 벅은 유전적 결함을 가진 사람이었다.
② 버지니아주법은 정신박약이 유전되는 것이라는 당시의 과학 지식을 반영하여 제정된 것이었다.
③ 버지니아주법에 의하면 캐리 벅에 대한 강제불임시술은 캐리 벅 개인의 이익을 위한 것이다.
④ 홈즈에 따르면 사회가 무능력자로 넘치지 않기 위해서는 사회에 부담이 되는 사람들에게 희생을 요구할 수 있다.
⑤ 버지니아주법이 합헌으로 판단되기 이전, 불임시술을 강제하는 법을 가지고 있던 다른 주들은 대부분 그 법을 집행하고 있었다.

26

개발도상국으로 흘러드는 외국자본은 크게 원조, 부채, 투자가 있다. 원조는 다른 나라로부터 지원받는 돈으로, 흔히 해외 원조 혹은 공적개발원조라고 한다. 부채는 은행 융자와 정부 혹은 기업이 발행한 채권으로, 투자는 포트폴리오 투자와 외국인 직접투자로 이루어진다. 포트폴리오 투자는 경영에 대한 영향력보다는 경제적 수익을 추구하기 위한 투자이고, 외국인 직접투자는 회사 경영에 일상적으로 영향력을 행사하기 위한 투자이다.

개발도상국에 유입되는 이러한 외국자본은 여러 가지 문제점을 보이고 있다. 해외 원조는 개발도상국에 대한 경제적 효과가 있다고 여겨져 왔으나 최근 경제학자들 사이에서는 그러한 경제적 효과가 없다는 주장이 점차 힘을 얻고 있다.

부채는 변동성이 크다는 단점이 지적되고 있다. 특히 은행 융자는 변동성이 큰 것으로 유명하다. 예컨대 1998년 개발도상국에 대하여 이루어진 은행 융자 총액은 500억 달러였다. 하지만 1998년 러시아와 브라질, 2002년 아르헨티나에서 일어난 일련의 금융 위기가 개발도상국을 강타하여 1999 ~ 2002년의 4개년 동안에는 은행 융자 총액이 연평균 -65억 달러가 되었다가, 2005년에는 670억 달러가 되었다. 은행 융자만큼 변동성이 큰 것은 아니지만, 채권을 통한 자본 유입 역시 변동성이 크다. 외국인은 1997년에 380억 달러의 개발도상국 채권을 매수했다. 그러나 1998 ~ 2002년에는 연평균 230억 달러로 떨어졌고, 2003 ~ 2005년에는 연평균 440억 달러로 증가했다.

한편 포트폴리오 투자는 은행 융자만큼 변동성이 크지는 않지만 채권에 비하면 변동성이 크다. 개발도상국에 대한 포트폴리오 투자는 1997년의 310억 달러에서 1998 ~ 2002년에는 연평균 90억 달러로 떨어졌고, 2003 ~ 2005년에는 연평균 410억 달러에 달했다.

① 개발도상국에 대한 투자는 경제적 수익뿐만 아니라 회사 경영에 영향력을 행사하기 위해서도 이루어질 수 있다.

② 해외 원조는 개발도상국에 대한 경제적 효과가 없다고 주장하는 경제학자들이 있다.

③ 개발도상국에 유입되는 외국자본에는 해외 원조, 은행 융자, 채권, 포트폴리오 투자, 외국인 직접투자가 있다.

④ 개발도상국에 대한 2005년의 은행 융자 총액은 1998년의 수준을 회복하지 못하였다.

⑤ 1998 ~ 2002년과 2003 ~ 2005년의 연평균을 비교할 때, 개발도상국에 대한 포트폴리오 투자가 채권보다 증감액이 크다.

27

> 고전적 귀납주의는 경험적 증거가 배제하지 않는 가설들 사이에서 선택을 가능하게 해 준다. 고전적 귀납주의는 특정 가설에 부합하는 경험적 증거가 많을수록 그 가설이 더욱 믿을 만하게 된다고 주장한다. 이에 따르면 우리는 관련된 경험적 증거 전체를 고려하여 가설을 선택할 수 있다. 예를 들어, 비슷한 효능이 기대되는 두 신약 중 어느 것을 건강보험 대상 약품으로 지정할 것인지를 결정하는 경우를 생각해 보자. 고전적 귀납주의는 우리가 두 신약에 대한 다양한 임상 시험 결과를 종합적으로 고려해서 긍정적 결과를 더 많이 얻은 신약을 선택해야 한다고 조언한다.

① 가설 검증을 통해서만 절대적 진리에 도달할 수 있다.

② 경험적 증거가 여러 가설에 부합하는 경우 아무런 도움이 되지 않는다.

③ 가설로부터 도출된 예측과 경험적 관찰이 모순되는 가설은 배제해야 한다.

④ 가설의 신뢰도가 높아지려면 가설에 부합하는 새로운 증거가 계속 등장해야 한다.

⑤ 가설의 신뢰도가 경험적 증거로 인하여 얼마나 높아지는지를 정량적으로 판단할 수 없다.

28

> 최근 들어 도시의 경쟁력 향상을 위한 새로운 전략의 하나로 창조 도시에 대한 논의가 활발하게 진행되고 있다. 창조 도시는 창조적 인재들이 창의성을 발휘할 수 있는 환경을 갖춘 도시이다. 즉 창조 도시는 인재들을 위한 문화 및 거주 환경의 창조성이 풍부하며, 혁신적이고도 유연한 경제 시스템을 구비하고 있는 도시인 것이다.
>
> 창조 도시의 주된 동력을 창조 산업으로 볼 것인가 창조 계층으로 볼 것인가에 대해서는 견해가 다소 엇갈리고 있다. 창조 산업을 중시하는 관점에서는, 창조 산업이 도시에 인적·사회적·문화적·경제적 다양성을 불어넣음으로써 도시의 재구조화를 가져오고 나아가 부가가치와 고용을 창출한다고 주장한다. 창의적 기술과 재능을 소득과 고용의 원천으로 삼는 창조 산업의 예로는 광고, 디자인, 출판, 공연 예술, 컴퓨터 게임 등이 있다.
>
> 창조 계층을 중시하는 관점에서는, 개인의 창의력으로 부가가치를 창출하는 창조 계층이 모여서 인재 네트워크인 창조 자본을 형성하고, 이를 통해 도시는 경제적 부를 축적할 수 있는 자생력을 갖게 된다고 본다. 따라서 창조 계층을 끌어들이고 유지하는 것이 도시의 경쟁력을 제고하는 관건이 된다. 창조 계층에는 과학자, 기술자, 예술가, 건축가, 프로그래머, 영화 제작자 등이 포함된다.

① 창조 산업의 산출물은 그것에 대한 소비자의 수요와 가치 평가를 예측하기 어렵다.

② 창조 도시를 통해 효과적으로 인재를 육성할 수 있다.

③ 창조 산업을 통해 도시를 새롭게 구조화할 수 있다.

④ 광고 등의 산업을 중심으로 부가가치를 창출해 낼 수 있다.

⑤ 인재 네트워크 형성 역시 부가가치를 창출할 수 있는 방법 중 하나이다.

다음 글을 토대로 〈보기〉를 바르게 해석한 것은?

인포그래픽은 복합적인 정보의 배열이나 정보 간의 관계를 시각적인 형태로 나타낸 것이다. 최근 인포그래픽에 대한 높은 관심은 시대의 변화와 관련이 있다. 정보가 넘쳐나고 정보에 주의를 지속하는 시간이 점차 짧아지면서, 효과적으로 정보를 전달할 수 있는 인포그래픽에 주목하게 된 것이다. 특히 소셜미디어의 등장은 정보 공유가 용이한 인포그래픽의 쓰임을 더욱 확대하였다.

비상구 표시등의 그래픽 기호처럼 시설이나 사물 등을 상징화하여 표시한 픽토그램은 인포그래픽과 유사하다. 그러나 픽토그램은 인포그래픽과 달리 복합적인 정보를 나타내기 어렵다. 예를 들어 컴퓨터를 나타낸 픽토그램은 컴퓨터 자체를 떠올리게 하지만, 인포그래픽으로는 컴퓨터의 작동 원리도 효과적으로 설명할 수 있다.

인포그래픽은 독자의 정보 처리 시간을 절감할 수 있다. 글에 드러난 정보를 파악하기 위해서는 문자 하나하나를 읽어야 하지만, 인포그래픽은 시각 이미지를 통해 한눈에 정보를 파악할 수 있다. 또한 인포그래픽은 독자의 관심을 끌 수 있다. 한 논문에 따르면, 인포그래픽은 독자들이 정보에 주목하는 정도를 높이는 효과가 있다고 한다.

시각적인 형태로 복합적인 정보를 나타냈다고 해서 다 좋은 인포그래픽은 아니다. 정보를 한눈에 파악하게 하는지, 단순한 형태와 색으로 구성됐는지, 최소한의 요소로 정보의 관계를 나타냈는지, 재미와 즐거움을 주는지를 기준으로 좋은 인포그래픽인지를 판단해 봐야 한다. 시각적 재미에만 치중한 인포그래픽은 정보 전달력을 떨어뜨릴 수 있다.

〈보기〉

S학교 학생을 대상으로 설문 조사를 실시한 결과 학생의 90%가 교내 정보 알림판을 읽어 본 적이 없다고 답하였다. 학생들 대다수는 그 이유에 대하여 '알림판에 관심이 없기 때문'이라고 답했다. 이러한 문제를 해결하기 위해 김교사는 교내 정보 알림판을 인포그래픽으로 만들 것을 건의하였다.

① 김교사는 인포그래픽의 빠른 정보 전달 효과를 고려하였다.
② 김교사는 인포그래픽이 복합적인 정보를 나타낼 수 있다는 점을 고려하였다.
③ 김교사는 학생들의 주의 지속 시간이 짧다는 점을 고려하였다.
④ 김교사는 시각적 재미보다 정보 전달력을 더 고려하였다.
⑤ 김교사는 인포그래픽의 관심 유발 효과를 고려하였다.

30 다음 글을 바탕으로 추측할 수 있는 내용을 〈보기〉에서 모두 고르면?

> 과거에는 일반 시민들이 사회 문제에 대한 정보를 얻을 수 있는 수단이 거의 없었다. 따라서 일반 시민들은 신문과 같은 전통적 언론을 통해 정보를 얻었고, 전통적 언론은 주요 사회 문제에 대한 여론을 형성하는 데 강한 영향을 끼쳤다. 지금도 신문에서 물가 상승 문제를 반복해서 보도하면 일반 시민들은 이를 중요하다고 생각하고, 그와 관련된 여론도 활성화된다. 이처럼 전통적 언론이 여론을 형성하는 것을 '의제 설정 기능'이라고 한다. 하지만 막강한 정보원으로 인터넷이 등장한 이후 전통적 언론의 영향력은 약화되고 있다. 그리고 인터넷을 통한 상호작용매체인 소셜 네트워킹 서비스(이하 SNS)가 등장한 이후에는 그러한 경향이 더욱 강화되고 있다. 일반 시민들이 SNS를 통해 문제를 제기하고, 많은 사람들이 그 문제에 대해 중요하다고 생각하면 역으로 전통적 언론에서 뒤늦게 그 문제에 대해 보도하는 현상이 생기게 된 것이다. 이러한 현상을 일반 시민이 의제 설정을 주도한다는 점에서 '역의제 설정' 현상이라고 한다.

〈보기〉

ㄱ. 현대의 전통적 언론은 '의제 설정 기능'을 전혀 수행하지 못하고 있다.
ㄴ. SNS는 일반 시민이 의제 설정을 주도하는 것을 가능하게 했다.
ㄷ. 현대 언론은 과거 언론에 비해 '의제 설정 기능'의 역할이 강하다.
ㄹ. SNS로 인해 '의제 설정' 현상이 강해지고 있다.

① ㄴ   ② ㄷ
③ ㄱ, ㄴ   ④ ㄴ, ㄷ
⑤ ㄷ, ㄹ

앞선 정보 제공! 도서 업데이트

언제, 왜 업데이트될까?

도서의 학습 효율을 높이기 위해 자료를 추가로 제공할 때!
공기업 · 대기업 필기시험에 변동사항 발생 시 정보 공유를 위해!
공기업 · 대기업 채용 및 시험 관련 중요 이슈가 생겼을 때!

01 시대에듀 도서
www.sdedu.co.kr/book
홈페이지 접속

02 상단 카테고리
「도서업데이트」
클릭

03 해당
기업명으로
검색

참고자료, 시험 개정사항 등 정보 제공으로 학습효율을 높여 드립니다.

시대에듀

대기업 인적성검사 시리즈

신뢰와 책임의 마음으로 수험생 여러분에게 다가갑니다.

※도서의 이미지 및 구성은 변동될 수 있습니다.

2025
전면개정판

합격에듀
시대
에듀

사이다 기출응용
모의고사 시리즈

사
이
다

사일 동안
이것만 풀면
다 합격!

누적 판매량
1위
대기업 인적성검사
시리즈

삼성
온라인 GSAT
4회분 | 정답 및 해설

[합격시대]
온라인 모의고사
무료쿠폰
—
도서 동형
온라인 실전연습
서비스
—
10대기업
면접 기출
질문 자료집

SDC

SDC는 시대에듀 데이터 센터의 약자로 약 30만 개의 NCS · 적성 문제
데이터를 바탕으로 최신 출제경향을 반영하여 문제를 출제합니다.

편저 | SDC(Sidae Data Center)

시대에듀

기출응용 모의고사
정답 및 해설

1일 차 기출응용 모의고사 정답 및 해설

제1영역 수리

01	02	03	04	05	06	07	08	09	10	11	12	13	14	15	16	17	18	19	20
①	③	③	②	①	③	③	②	③	④	③	④	⑤	⑤	②	①	⑤	①	②	②

01
정답 ①

작년의 남학생, 여학생 수를 각각 x명, $600-x$명이라고 하자.

올해 학생 수는 $600\times(1+0.04)=x+36+(600-x)\times(1-0.05)$이므로 $x=360$이고,

작년 여학생 수는 $600-x=240$명이다.

따라서 올해 여학생 수는 $240\times(1-0.05)=228$명이다.

02
정답 ③

S사의 전 직원을 x명이라고 하자. 찬성한 직원은 $0.8x$명이고, 그중 남직원은 $0.8x\times0.7=0.56x$명이다.

구분	찬성	반대	합계
남자	$0.56x$	$0.04x$	$0.6x$
여자	$0.24x$	$0.16x$	$0.4x$
합계	$0.8x$	$0.2x$	x

따라서 여직원을 뽑았을 때, 이 사람이 유연근무제에 찬성한 사람일 확률은 $\dfrac{0.24x}{0.4x}=\dfrac{3}{5}$이다.

03
정답 ③

전체 인원에 대한 합격률을 구하는 식은 다음과 같다.

$\dfrac{110+90}{500+300}\times100=\dfrac{200}{800}\times100=25\%$

따라서 합격률은 25%이다.

04
정답 ②

유통업의 경우 9점을 받은 현지의 엄격한 규제 요인이 가장 강력한 진입 장벽으로 작용하므로 유통업체인 S사가 몽골 시장으로 진출할 경우, 해당 요인이 시장의 진입을 방해하는 요소로 작용할 가능성이 가장 큰 것을 알 수 있다.

① 초기 진입 비용 요인의 경우 유통업(5점)보다 식·음료업(7점)의 점수가 더 높고, 유통업은 현지의 엄격한 규제 요인(9점)이 가장 강력한 진입 장벽으로 작용한다.

③ 몽골 기업의 시장 점유율 요인의 경우 제조업(5점)보다 유통업(7점)의 점수가 더 높으며, 제조업은 현지의 엄격한 규제 요인(8점)이 가장 강력한 진입 장벽으로 작용한다.

④ 문화적 이질감이 가장 강력한 진입 장벽으로 작용하는 업종은 해당 요인에 가장 높은 점수를 부여한 서비스업(8점)이다.

⑤ 서비스업은 초기 진입 비용이 타 업종에 비해 가장 적게 든다.

05

2021년의 전년 대비 가격 증가율은 $\frac{230-200}{200}\times100=15\%$이고, 2024년의 전년 대비 가격 증가율은 $\frac{270-250}{250}\times100=8\%$이므로 옳지 않다.

② 재료비의 증가폭은 2023년에 11(99 → 110)로 가장 큰데, 2023년에는 가격의 증가폭도 35(215 → 250)로 가장 크다.

③ 인건비는 55 → 64 → 72 → 85 → 90으로 꾸준히 증가했다.

④ 재료비와 인건비 모두 '증가 – 증가'이므로 증감 추이는 같다.

⑤ 재료비와 수익 모두 '증가 – 감소 – 증가 – 증가'이므로 증감 추이는 같다.

06

ㄴ. 연령대별 아메리카노와 카페라테의 선호율의 차이를 구하면 다음과 같다.
- 20대 : 42%−8%=34%p
- 30대 : 47%−18%=29%p
- 40대 : 35%−28%=7%p
- 50대 : 42%−31%=11%p

따라서 아메리카노와 카페라테의 선호율 차이가 가장 적은 연령대는 40대임을 알 수 있다.

ㄷ. 20대와 30대의 선호율 하위 3개 메뉴는 다음과 같다.
- 20대 : 핫초코(6%), 에이드(3%), 아이스티(2%)
- 30대 : 아이스티(3%), 핫초코(2%), 에이드(1%)

따라서 20대와 30대의 선호율 하위 3개 메뉴는 동일함을 알 수 있다.

ㄱ. 연령대별 아메리카노 선호율은 20대 42%, 30대 47%, 40대 35%, 50대 31%로 30대의 선호율은 20대보다 높음을 알 수 있다.

ㄹ. 40대와 50대의 선호율 상위 2개 메뉴가 전체 선호율에서 차지하는 비율을 구하면 다음과 같다.
- 40대 : 아메리카(35%), 카페라테(28%) → 63%
- 50대 : 카페라테(42%), 아메리카노(31%) → 73%

따라서 50대의 선호율 상위 2개 메뉴가 전체 선호율에서 차지하는 비율은 70%를 넘지만, 40대에서는 63%로 70% 미만이다.

07

2월의 유입인원은 550−270=280만 명으로 1월에 비해 290−280=10만 명 감소하였다.

① 수송인원은 증가와 감소 모두 나타나고 있다.

② 8월의 수송인원은 310+360=670만 명이므로 3분기 수송인원은 643+670+633=1,946만 명이다. 따라서 1,950만 명보다 적다.

④ 11월의 승차인원은 670−380=290만 명으로 6월보다 310−290=20만 명 적고, 승차인원이 가장 적은 달은 270만 명인 2월이다.

⑤ 8월의 수송인원은 670만 명으로 10월(687만 명), 12월(690만 명)보다 적으며, 12월보다 690−670=20만 명 적다.

08

S기업의 하청업체 중 낸드플래시 생산 분야의 응답 수는 179개로 다른 분야에 비해 가장 많지만, 복수응답이 가능하므로 하청업체의 수가 가장 많은지는 알 수 없다.

오답분석

① 세 가지 생산 분야 모두 개선필요사항에 기타로 응답한 하청업체의 수가 낸드플래시는 2개, DRAM은 2개, 기타 분야는 3개로 가장 적다.
③ 파견 직원의 처우개선을 개선필요사항으로 응답한 업체 수 중 DRAM 생산 분야의 하청업체 수는 22개로, 28개인 낸드플래시 생산 분야의 하청업체 수보다 적다.
④ 납품기한의 변동을 줄여야 한다고 응답한 하청업체의 수는 $55+48+22=125$개로, 다른 어떤 응답에 비해서도 더 많았다.
⑤ 전체 하청업체 개수는 300개인데 응답 개수는 430개이므로, 총 130개의 하청업체가 복수응답을 하였다.

09

ㄱ. 자료에 따르면 낸드플래시 생산 분야에 있어서 '하청단계별 업무범위 명확화'에 응답한 하청업체의 수는 13개로 다른 응답에 비해 적은 편이다. 따라서 S기업은 낸드플래시 생산에 있어서 하청단계별 업무범위를 명확히 하는 것이 가장 시급하다는 설명은 옳지 않다.
ㄷ. S기업의 낸드플래시 생산 분야와 DRAM 생산 분야의 하청업체의 수가 동일한 경우도 가능하지만, 자료만으로는 알 수 없다.

오답분석

ㄴ. 자료에 따르면 DRAM 생산 분야에 있어서 '납품기한의 변동성 완화'에 응답한 하청업체의 수가 48개로 가장 많으므로 해당 분야에서 개선 필요성이 높음을 알 수 있다. 따라서 S기업은 DRAM 생산에 있어서 납품기한의 정정을 줄이기 위해 생산계획 단계에서부터 대응성을 높일 필요가 있다.

10

세로로 합계에서 나머지 수를 빼면 빈칸의 수치를 구할 수 있다.
ⓔ : $145-21-28-17-30-20=29$

오답분석

① ㉠ : 866
② ㉡ : 73
③ ㉢ : 202
⑤ ㉤ : 147

11

ㄴ. 2022년 고덕 차량기지의 안전체험 건수 대비 인원수는 $\frac{660}{33}=20$명으로, 도봉 차량기지의 안전체험 건수 대비 인원수인 $\frac{432}{24}=18$명보다 크다.
ㄷ. 2021년부터 2023년까지 고덕 차량기지의 전년 대비 안전체험 건수와 인원수는 '증가 – 감소 – 감소'로 동일하다.

오답분석

ㄱ. 2021년 방화 차량기지 견학 안전체험 건수는 2020년보다 증가한 73건(㉡)이므로 옳지 않은 설명이다.
ㄹ. 신내 차량기지의 안전체험 인원수는 2020년 대비 2024년에 $\frac{650-390}{650}\times100=40\%$의 감소율로 감소하였다.

12

ㄴ. 대구광역시의 냄새에 대한 민원건수는 360건으로 강원도의 $\frac{360}{36}=10$배, 제주특별자치도의 $\frac{360}{20}=18$배에 해당한다.

ㄷ. 세종특별자치시와 대전광역시의 민원내용별 민원건수의 합계와 부산광역시의 수치를 정리하면 다음과 같다.

(단위 : 건)

구분	낮은 수압	녹물	누수	냄새	유충
대전광역시	133	108	56	88	18
세종특별자치시	47	62	41	32	9
대전+세종	180	170	97	120	27
부산광역시	248	345	125	274	68

따라서 세종특별자치시와 대전광역시의 민원내용별 민원건수의 합계는 부산광역시보다 작음을 알 수 있다.

오답분석

ㄱ. 경기도의 민원은 총 (110+220+70+130+20)=550건으로 이 중 녹물에 대한 민원 비율이 $\frac{220}{550}\times100=40\%$이다.

ㄹ. 수도권인 서울특별시, 경기도, 인천광역시에서 가장 많은 민원건수가 발생한 것은 녹물에 대한 것이다. 그러나 가장 적은 민원건수가 발생한 것은 경기도와 인천광역시는 유충에 대한 것이고, 서울특별시는 누수에 대한 것이다.

13

정답 ⑤

자료상 유충에 대한 민원건수는 알 수 있지만, 실제로 유충이 발생한 건수에 대한 것은 알 수 없다.

14

정답 ⑤

2023년에 위험물안전관리자 선임자 수가 가장 많은 행정구역은 688명인 경기도이며, 가장 적은 행정구역은 37명인 세종특별자치시이다. 따라서 선임자 수 차이는 688−37=651명이다.

15

정답 ②

2024년에 제조소 수가 세 번째로 적은 행정구역은 130개인 제주특별자치도이다.

오답분석

ㄱ. 제조소 수가 500개 이상인 행정구역은 2023년과 2024년 모두 울산광역시, 경기도, 충청북도, 충청남도, 전라남도, 경상북도, 경상남도로 7곳으로 동일하다.

ㄴ. 2023년과 2024년에 제조소 수가 가장 많은 행정구역은 모두 경기도로 동일하다.

16

정답 ①

연령대별 남성과 여성의 소득 대비 주식투자비율의 차이를 구하면 다음과 같다.
• 20대 : 34−22=12%p
• 30대 : 37−18=19%p
• 40대 : 26−10=16%p
• 50대 : 18−4=14%p
• 60대 : 11−2=9%p

따라서 남성과 여성의 소득 대비 주식투자비율 차이가 가장 큰 연령대는 19%p로 30대이고, 가장 작은 연령대는 9%p로 60대이다.

오답분석

ㄱ. 남성의 소득 대비 주식투자비율은 20대(34%)가 30대(37%)보다 낮고, 30대 이후부터 연령대가 높아질수록 소득 대비 주식투자비율이 낮아지고 있음을 확인할 수 있다.

ㄷ. 전체 20대의 소득 대비 주식투자비율은 30%이고, 60대는 5%이다. 따라서 20대의 수치는 60대의 $\frac{30}{5}=6$배이다.

17

자료를 참고하여 표의 ㉠ ~ ㉤을 구하면 다음과 같다.

구분	20대	30대	40대	50대	60대
평균 연소득(만 원)	3,200	5,000	6,500	8,800	9,000
주식투자비율(%)	30%	25%	20%	10%	5%
주식투자금 (만 원)	㉠ 3,200×0.3 =960	㉡ 5,000×0.25 =1,250	㉢ 6,500×0.2 =1,300	㉣ 8,800×0.1 =880	㉤ 9,000×0.05 =450

따라서 ㉠ ~ ㉤을 큰 순서대로 나타내면 ㉢ – ㉡ – ㉠ – ㉣ – ㉤ 순이다.

18

2020 ~ 2024년 연도별 동물찻길 사고의 합을 정리하면 다음과 같다.

(단위 : 건)

구분	합계	1월	2월	3월	1분기	4월	5월	6월	7월	8월	9월	3분기	10월	11월	12월
합계	8,608	374	230	303	–	809	2,134	1,519	626	388	346	–	596	599	684
2020년	2,247	94	55	67	216	224	588	389	142	112	82	336	156	148	190
2021년	1,884	85	55	62	202	161	475	353	110	80	74	264	131	149	149
2022년	1,629	78	37	61	176	161	363	273	123	67	69	259	95	137	165
2023년	1,561	57	43	69	169	151	376	287	148	63	70	281	135	86	76
2024년	1,287	60	40	44	144	112	332	217	103	66	51	220	79	79	104

따라서 자료를 통해 3월과 4월의 총 합수가 서로 바뀌었음을 알 수 있다.

19

원판의 개수가 1개 늘어날 때마다 최소 이동 횟수의 증가 수치는 앞의 증가 수치의 2배씩 늘어난다.
- 원판의 개수가 5개일 때 최소 이동 횟수 : 31−15=16회
- 원판의 개수가 6개일 때 최소 이동 횟수 : 31+16×2=63회
- 원판의 개수가 7개일 때 최소 이동 횟수 : 63+32×2=127회

따라서 원판의 개수가 8개일 때 최소 이동 횟수는 127+64×2=255회이다.

20

주어진 식을 다시 정리하면 (영업이익)$=\dfrac{(점포\ 수)^2}{a^2}+$(점포 수)^{b}이다.

(점포 수)가 1호일 때, (영업이익)이 1.25억 원이므로 $\dfrac{1}{a^2}+1=1.25$억 원

$\therefore a^2=4$

(점포 수)가 8호일 때, (영업이익)이 528억 원이므로 $\dfrac{8^2}{4}+8^b=528$억 원 → $8^b=512$억 원 → $(2^3)^b=2^9$ → $2^{3b}=2^9$

$\therefore b=3$

따라서 식을 정리하면 (영업이익)$=\dfrac{(점포\ 수)^2}{4}+$(점포 수)^{3}이므로, 점포 수가 6호일 때의 영업이익은 225억 원이 된다.

01	02	03	04	05	06	07	08	09	10	11	12	13	14	15	16	17	18	19	20
④	③	⑤	①	①	③	③	③	②	①	②	①	③	①	⑤	④	②	⑤	②	②
21	22	23	24	25	26	27	28	29	30										
③	①	⑤	④	④	③	④	①	④	②										

01

정답 ④

'문제를 빠르게 푸는 사람'을 A, '집중력이 좋다.'를 B, '침착한 사람'을 C라고 하면, 전제1은 A → B, 전제2는 ~C → ~B이다. 전제2의 대우는 B → C이므로 A → B → C가 성립한다. 따라서 A → C인 '문제를 빠르게 푸는 사람은 침착한 사람이다.'가 결론으로 적절하다.

02

정답 ③

낙서가 된 벽지는 모두 분홍색이므로, 분홍색 벽지의 집에는 벽에 낙서가 되어 있다.

03

정답 ⑤

디자인팀의 팀원을 '디', 포토샵 자격증을 가지고 있는 사람을 '포', 컴퓨터 활용능력 자격증을 가지고 있는 사람을 '컴'이라고 하자.

구분	명제	대우
전제1	디 → 포	포× → 디×
결론	컴× → 디×	디 → 컴

전제1의 대우가 결론으로 연결되려면, 전제2는 컴× → 포×가 되어야 한다. 따라서 전제2는 '컴퓨터 활용능력 자격증을 가지고 있지 않은 사람은 포토샵 자격증을 가지고 있지 않다.'인 ⑤이다.

04

정답 ①

홍대리가 건강검진을 받을 수 있는 요일은 월요일 또는 화요일이며, 이사원 역시 월요일 또는 화요일에 건강검진을 받을 수 있다. 이때 이사원이 홍대리보다 늦게 건강검진을 받는다고 하였으므로 홍대리가 월요일, 이사원이 화요일에 건강검진을 받는 것을 알 수 있다. 나머지 수·목·금요일의 일정은 박과장이 금요일을 제외한 수요일과 목요일 각각 건강검진을 받는 두 가지 경우에 따라 나눌 수 있다.
ⅰ) 박과장이 수요일에 건강검진을 받을 경우
　　목요일은 최사원이, 금요일은 김대리가 건강검진을 받는다.
ⅱ) 박과장이 목요일에 건강검진을 받을 경우
　　수요일은 최사원이, 금요일은 김대리가 건강검진을 받는다.
따라서 반드시 참이 될 수 있는 것은 ①이다.

05

정답 ①

세영>희정, 세영>은솔·희진으로 세영이가 가장 높은 층에 사는 것을 알 수 있으며, 제시된 사실만으로는 가장 낮은 층에 사는 사람을 알 수 없다.

06

정답 ③

오전 9시에 B과 진료를 받으면 10시에 진료가 끝나며, 셔틀을 타고 본관으로 이동하면 10시 30분이다. 이후 C과 진료를 이어보면 12시 30분이 되고, 점심시간 이후인 오후 1시 30분부터 바로 A과의 진료를 본다면 오후 2시에 진료를 다 받을 수 있다. 따라서 가장 빠르게 진료를 받을 수 있는 경로는 B − C − A 순이다.

07

주어진 조건을 정리해보면 다음과 같다.

구분	가	나	다	라
경우 1	호밀식빵	우유식빵	밤식빵	옥수수식빵
경우 2	호밀식빵	밤식빵	우유식빵	옥수수식빵

따라서 항상 참인 것은 ③이다.

오답분석

①·②·④·⑤ 주어진 조건만으로는 판단하기 힘들다.

08

정답 ③

ⅰ) G가 선발되었을 경우

첫 번째, 두 번째 진술이 거짓이므로 나머지 진술이 참이어야 한다. 하지만 D가 선발되는 경우를 제외하고는 나머지 진술이 참일 수 없으므로 D와 G가 선발된다.

ⅱ) B, C, D 중에서 1명만 선발되지 않고 2명이 선발될 경우

네 번째, 다섯 번째 진술이 거짓이다. 그러면 나머지 진술이 참이어야 하므로 C, D가 선발된다.

따라서 두 경우에 의해서 D는 반드시 선발된다.

09

정답 ②

주어진 조건에 따라 A가 해야 할 일의 순서를 배치해보면 다음과 같다.

구분	월	화	수	목	금	토	일
경우 1	d	c	f	a	i	b	h
경우 2	d	c	a	f	i	b	h

따라서 화요일에 하게 될 일은 c이다.

10

정답 ①

주어진 조건을 정리하면 다음과 같다.

구분	제주도	일본	대만
정주		게스트하우스	
경순			호텔
민경	게스트하우스		

따라서 민경이가 가는 곳은 제주도이고, 게스트하우스에서 숙박한다.

11

정답 ②

주어진 조건에 따라 회사의 옥상 정원 구조를 추론해보면 다음과 같다.

1줄	은행나무, 벚나무
2줄	플라타너스, 단풍나무
3줄	소나무, 감나무
4줄	밤나무, 느티나무

따라서 벚나무는 은행나무와 함께 맨 앞줄에 심어져 있다.

12

주어진 조건에 따라 비품실의 선반 구조를 추론해보면 다음과 같다.

6층	화장지
5층	보드마카, 스테이플러
4층	종이
3층	믹스커피, 종이컵
2층	간식
1층	볼펜, 메모지

따라서 종이는 4층에 위치하며, 종이 아래에는 5가지 물품인 믹스커피, 종이컵, 간식, 볼펜, 메모지가 있고, 그중 하나가 종이컵이다.

13

정답 ③

주어진 조건을 정리하면 다음과 같다.

구분	인사팀	영업팀	홍보팀	기획팀	개발팀	디자인팀	참석인원
보고서 작성	× (2명)	× (4명)	○ (3명)	○ (2명)	○ (5명)	○ (4명)	14명
사내 예절	○ (2명)	× (4명)	○ (3명)	○ (2명)	○ (5명)	○ (4명)	16명

따라서 교육에 참석한 홍보팀 신입사원은 모두 3명이다.

14

정답 ①

이 문제는 선택지를 보고 조건에 부합하지 않는 선지가 있는지 확인하며 푸는 방법이 가장 빠르다. ①만 모든 조건에 부합한다.

오답분석

②·③ d가 e와 f 중 아무도 같은 테이블에 앉지 않았고, g가 두 명 테이블에 배정되었다.
④ b와 j가 같은 테이블에 앉았고, h가 a와 같은 테이블에 앉았기 때문에 오답이다.
⑤ a와 c가 같은 테이블에 앉지 않았기 때문에 오답이다.

15

정답 ⑤

병과 무의 진술에 따르면 무가 열쇠를 잃어버렸으므로 병과 무는 동시에 거짓을 말하거나 진실을 말한다.
ⅰ) 병과 무가 거짓말을 했을 경우
    병과 무의 진술에 따라 무는 열쇠를 잃어버리지 않았으며, 진실인 을의 진술에 따라 열쇠를 잃어버린 사람은 정이 된다. 그러나 이때
    진실인 정의 진술에 따르면 열쇠를 잃어버린 사람은 갑과 을 중 한 명이어야 하는데 을과 정의 진술이 모순되므로 성립하지 않는다.
ⅱ) 병과 무가 진실을 말했을 경우
    병과 무의 진술에 따라 무가 열쇠를 잃어버렸으므로 을과 정의 진술은 거짓이 된다.
따라서 을과 정이 거짓말을 하고 있으며, 열쇠를 잃어버린 사람은 무이다.

16

정답 ④

규칙은 세로로 적용된다.
첫 번째 도형을 시계 반대 방향으로 60° 회전한 것이 두 번째 도형이고, 이를 시계 방향으로 120° 회전한 것이 세 번째 도형이다.

17

규칙은 세로로 적용된다.
첫 번째 도형을 180° 회전한 것이 두 번째 도형이고, 이를 x축 기준으로 대칭 이동한 것이 세 번째 도형이다.

18

규칙은 가로로 적용된다.
첫 번째 도형을 시계 방향으로 45° 회전한 것이 두 번째 도형이고, 이를 시계 방향으로 90° 회전한 것이 세 번째 도형이다.

[19~22]

- ♪ : 맨 앞의 문자를 맨 앞에 하나 더 만든다.
- ♧ : 맨 앞의 문자를 맨 뒤에 하나 더 만든다.
- ◎ : 맨 앞의 문자를 없앤다.
- ☆ : 맨 앞의 문자와 맨 뒤의 문자의 순서를 바꾼다.

19

MD4R   →   MMD4R
       ♪

20

HKLU   →   UKLH   →   KLH
      ☆   ◎

21

SWQX → SWQXS → SSWQXS
     ♧   ♪

22

NB5R → NB5RN → NB5RN → B5RN
     ♧   ☆   ◎

23

먼저 각국에서 추진 중인 오픈뱅킹에 대해 설명하는 (다) 문단이 오는 것이 적절하며, 그다음으로는 우리나라에서 추진하고 있는 오픈뱅킹 정책을 이야기하며 지난해 시행된 오픈뱅킹시스템에 대해 설명하는 (나) 문단과 올해 도입된 마이데이터 산업에 대해 설명하는 (라) 문단이 차례로 오는 것이 적절하다. 마지막으로 이러한 오픈뱅킹 정책을 성공적으로 시행하기 위해서는 현재의 오픈뱅킹시스템에 대한 법적 근거와 효율적 문제 해결 체계를 갖춰야 한다는 내용의 (가) 문단 순으로 나열하는 것이 적절하다.

24

먼저 이산화탄소 흡수원의 하나인 연안 생태계를 소개하는 (다) 문단이 오는 것이 적절하며, 다음으로 이러한 연안 생태계의 장점을 소개하는 (나) 문단이 오는 것이 적절하다. 다음으로는 (나)에서 언급한 연안 생태계의 장점 중 갯벌의 역할을 부연 설명하는 (가) 문단이 오는 것이 적절하며, (가) 문단 뒤로는 '또한'으로 시작하며 연안 생태계의 또 다른 장점을 소개하는 (라) 문단이 오는 것이 적절하다. 따라서 (다) – (나) – (가) – (라) 순으로 나열하는 것이 적절하다.

25

한국에서 서구의 개인주의 문화가 정착하지 못한 것은 근대화가 급속하게 압축적으로 진행되었기 때문이지 가족주의 문화 때문이 아니다. 가족주의는 근대화 과정에서 파생된 산물이라고 볼 수 있다.

오답분석
① 근대화 과정을 거치면서 직계가족이 가치판단의 중심이 되는 가족주의가 강조되었다고 하였으므로 참인 내용이다.
② 전통적 공동체 문화가 학연과 지연을 매개로 하여 유사가족주의 형태로 나타났다고 하였으므로 참인 내용이다.
③·⑤ 근대화 과정에서 한국의 가족주의 문화와 서구의 개인주의 문화는 전통적 사회구조가 약화되면서 나타나는 사회적 긴장과 불안을 해소하는 역할을 해왔다.

26

1971년 미국의 프로그래머가 잊혀지다시피 하였던 @키를 살려내기 전까지 @키는 자리를 지키고 있었다. 단지 사용 빈도가 점차 줄어들었을 뿐이다.

오답분석
① 제시문에서 6세기에 @이 라틴어 전치사인 'ad'를 한 획에 쓰기 위한 합자로 사용되었음을 알 수 있으므로 @이 사용되기 시작한 것은 1,000년은 넘었다는 것을 알 수 있다.
② 제시문을 통해 ad는 현대 영어의 'at' 또는 'to'에 해당하는 전치사, 부피, 질량의 단위, 이메일 기호로 사용되었음을 알 수 있다.
④ 스페인과 포르투갈의 상인들은 @를 질량의 단위인 아로바를 나타내는 기호로 사용하였는데, 스페인에서 1아로바는 현재의 9.5kg에 해당하며, 포르투갈에서의 1아로바는 현재의 12kg에 해당한다고 하였다. 따라서 두 나라의 상인이 측정단위로 사용했던 1@는 질량이 동일하지 않을 것이다.
⑤ '토마토 15개@3달러'라는 의미는 개당 달러인 토마토가 15개라는 의미이므로 전체 가격은 45달러였을 것이다.

27

제시문은 소음의 규제에 대한 이야기를 하고 있다. 따라서 소리가 시공간적 다양성을 담아내는 문화 구성 요소라는 주장을 통해 단순 소음 규제에 반박할 수 있다.

오답분석
① 관현악단 연주 사례를 통해 알 수 있는 사실이다.
②·③·⑤ 제시문의 내용과 일치하는 주장이다.

28

간접 경험에서 연민을 갖기 어렵다고 치더라도 고통을 대면하는 경우가 많아진 만큼 연민의 필요성이 커지고 있다. 따라서 이러한 주장을 현대인들이 연민을 느끼지 못한다는 것에 대한 반박으로 들 수 있다.

오답분석
②·③·⑤ 제시문의 내용과 일치하는 주장이다.
④ 학자들이 주장하는 연민의 조건 중 하나로 반론으로는 적절하지 않다.

29

의병장들은 대부분 각 지역에서 사회·경제적 기반을 확고히 갖춘 인물들이었다. 따라서 자신의 지역적 기반을 유지하려는 현실적 이해관계가 얽혀 의병 활동에 참여한 것으로 보인다.

오답분석

①·② 전쟁 당시 조정에 대한 민심은 부정적이었다. 따라서 나라에 대한 충성심보다는 자신과 주변을 지키기 위한 목적이 크다.

③ 의병들은 의병장의 명령에 따라 지역적으로 움직였다.

⑤ 조정에서는 의병장에게 관직을 부여함으로써 의병의 적극적인 봉기를 유도하기도 했다는 걸로 보아 관직이 의병장들에게 매력적이었던 것으로 파악된다.

30

정답 ②

보기는 국가 간 산업 경쟁에서 승패가 갈린 사례이다. 근대화된 방직 기계를 앞세운 일본이 '생존 경쟁'에서 전근대적인 생산 방식을 지닌 조선에 승리하였다고 볼 수 있다. 그러나 이런 상황에서 열등한 집단에 대한 지원을 강화하는 것은 사회 진화론의 논리에 어긋난다. 따라서 ②의 진술은 적절한 반응으로 보기 어렵다.

오답분석

① 두 번째 문단에서 스펜서는 인간 사회의 생활을 개인 간의 생존 경쟁으로 파악했고, 인위적인 도움을 주어서는 안 된다고 주장하였다. 따라서 보기에 제시된 상황에 대하여 패자인 조선의 수공업자들과 면화 재배 농민들의 몰락이 당연하며, 이들을 돕지 말아야 한다고 생각할 것이다.

③ 네 번째 문단을 보면 문명 개화론자들은 사회 진화론을 수용하여 서구식 근대 문명국가를 건설해야 한다고 역설하였다. 따라서 이들이라면 일본이 근대화된 방직 기계를 사용해서 조선의 재래식 기계를 압도한 것은 근대화에 앞섰기 때문이라고 해석할 것이다.

④ 마지막 문단을 보면 강자에 대한 패배를 불가피한 숙명으로 인식한 윤치호 같은 인물은 조선의 수공업자나 농민들의 몰락을 어쩔 수 없는 일로 해석했을 것이다.

⑤ 마지막 문단을 보면 민족주의자들은 동일한 사회 진화론을 받아들였지만 일본이나 서구 열강의 경쟁에서 조선이 살아남기 위해서는 힘을 길러야 한다고 강조하였다. 따라서 보기에 제시된 상황에서 자강론을 주장할 것이라 생각할 수 있다.

12 삼성 온라인 GSAT

2일 차 기출응용 모의고사 정답 및 해설

제 1 영역 수리

01	02	03	04	05	06	07	08	09	10	11	12	13	14	15	16	17	18	19	20
④	④	②	⑤	⑤	④	①	⑤	③	⑤	②	①	②	③	①	④	①	⑤	②	④

01
정답 ④

전체 사원 수를 x명이라고 하면 다음과 같은 식이 성립한다.

$x \times \dfrac{1}{3} \times \dfrac{1}{4} = 56$

$\therefore\ x = 672$

따라서 전체 사원 수는 672명이다.

02
정답 ④

두 수의 곱이 홀수가 되려면 (홀수)×(홀수)여야 하므로 1에서 10까지 적힌 숫자카드를 임의로 두 장을 동시에 뽑았을 때, 두 장 모두 홀수일 확률을 구하면 다음과 같은 식이 성립한다.

$$\frac{{}_5\mathrm{C}_2}{{}_{10}\mathrm{C}_2} = \frac{\dfrac{5 \times 4}{2 \times 1}}{\dfrac{10 \times 9}{2 \times 1}} = \frac{5 \times 4}{10 \times 9} = \frac{2}{9}$$

따라서 열 장 중 홀수 카드 두 개를 뽑을 확률은 $\dfrac{2}{9}$이다.

03
정답 ②

뉴질랜드 무역수지는 8월에서 10월까지 증가했다가 11월에 감소한 후 12월에 다시 증가하였다.

오답분석

① 한국의 무역수지가 전월 대비 증가한 달은 9월, 10월, 11월이며 증가량이 가장 많았던 달은 453−419=34억 USD인 11월이다.

③ 그리스의 12월 무역수지는 25억 USD이며 11월 무역수지는 20억 USD이므로, 12월 무역수지의 전월 대비 증가율은 $\dfrac{25 - 20}{25} \times 100$

=20%이다.

④ 10월부터 12월 사이 한국의 무역수지 변화 추이는 '증가 → 감소'이다. 이와 같은 양상을 보이는 나라는 독일과 미국으로 2개국이다.

⑤ 제시된 자료를 통해 알 수 있다.

04

경증 환자 중 남성 환자의 비율은 $\frac{13+19}{9+9+13+19}\times100=\frac{32}{50}\times100=64\%$이고, 중증 환자 중 남성 환자의 비율은 $\frac{10+22}{8+10+10+22}\times100$ $=\frac{32}{50}\times100=64\%$로 같으므로 옳지 않은 설명이다.

오답분석

① 여성 환자 중 중증 환자의 비율은 $\frac{8+10}{9+9+8+10}\times100=\frac{18}{36}\times100=50\%$이다.

② 50세 미만 환자 중 중증 남성 환자의 비율은 $\frac{10}{9+13+8+10}\times100=\frac{10}{40}\times100=25\%$이다.

③ 50세 이상 환자 수는 $9+19+10+22=60$명이고, 50세 미만 환자 수는 $9+13+8+10=40$명으로 50세 이상 환자 수는 50세 미만 환자 수의 $\frac{60}{40}=1.5$배이다.

④ 중증 여성 환자 수는 $8+10=18$명이고, 전체 당뇨병 환자 수는 $9+13+8+10+9+19+10+22=100$명이므로 전체 당뇨병 환자 중 중증 여성 환자의 비율은 $\frac{18}{100}\times100=18\%$이다.

05

2024년 상반기의 소설책 판매량은 600권이고, 2024년 하반기의 소설책 예상 판매량은 3,000권이다. 따라서 2024년 하반기의 소설책 예상 판매량은 2024년 상반기의 $\frac{3,000}{600}=5$배이다.

오답분석

① 2023년 상반기 판매량과 2023년 하반기 판매량을 합한 값을 비교한다. 2023년의 전체 도서 판매량은 $1,800+2,000=3,800$권이고, 소설책 판매량은 $400+800=1,200$권이다. 따라서 $3,800>1,200\times3=3,600$이므로 3배 이상이다.

② $25\%=0.25=\frac{1}{4}$이므로 전체 도서 판매량에 $\frac{1}{4}$를 곱한 값과 소설책 판매량을 비교한다. 2023년 상반기의 경우, $1,800\times\frac{1}{4}=450$권으로 2023년 상반기 소설책 판매량보다 많으므로 2023년 상반기의 소설책 판매량은 전체 도서 판매량의 25% 미만이다.

③ 2024년 상반기의 전체 도서 판매량은 2023년 하반기 대비 증가하였지만, 소설책 판매량은 감소하였다.

④ 2024년 상반기의 전체 도서 판매량은 2,400권이고, 2024년 하반기 전체 도서 예상 판매량은 5,000권이다. 따라서 $5,000>2,400\times2$이므로 2024년 하반기 전체 도서 예상 판매량은 2024년 상반기 전체 도서 판매량의 2배 이상이다.

06

최고 기온이 17℃ 이상인 관측지점은 춘천, 강릉, 충주, 서산이다. 이 중 최저 기온이 7℃ 이상인 지점은 강릉과 서산으로 두 관측지점의 강수량을 합하면 $1,465+1,285=2,750$mm이다.

07

동해의 최고 기온과 최저 기온의 평균은 $\frac{16+8}{2}=12$℃이다.

오답분석

② 속초는 관측지점 중 평균 기온이 세 번째로 높다.

③ 최고 기온과 최저 기온의 차이가 가장 큰 관측지점은 $19-6=13$℃인 충주이다.

④ 강릉은 평균 기온과 최저 기온이 가장 높으나 최고 기온은 충주가 가장 높다.

⑤ 강수량이 많은 관측지점 3곳은 순서대로 강릉, 속초, 철원이다.

08

9월 15 ~ 22일에 오전과 오후 비가 내릴 확률은 다음과 같다.

- 9월 15일 : $0.9 \times 0.6 = 0.54$
- 9월 16일 : $0.6 \times 0.2 = 0.12$
- 9월 17일 : $0.2 \times 0.1 = 0.02$
- 9월 18일 : $0.1 \times 0.1 = 0.01$
- 9월 19일 : $0.2 \times 0.2 = 0.04$
- 9월 20일 : $0.4 \times 0.5 = 0.2$
- 9월 21일 : $0.4 \times 0.9 = 0.36$
- 9월 22일 : $0.6 \times 0.4 = 0.24$

따라서 오전과 오후 비가 내릴 확률이 가장 높은 날은 9월 15일이다.

오답분석

① 오전에 비가 내릴 확률이 40% 미만인 날은 9월 17일, 18일, 19일이고 그날 오후에 비가 내릴 확률은 각각 10%, 10%, 20%로 40% 미만이다.

② 9월 15 ~ 22일 동안 가장 높은 낮 최고기온은 34℃이고, 가장 낮은 낮 최고기온은 27℃로 그 차이는 7℃이다.

③ 9월 18일과 9월 19일은 오전에 비가 내릴 확률과 오후에 비가 내릴 확률이 같다.

④ 오전에 비가 내릴 확률이 가장 높은 날은 9월 15일이고, 오후에 비가 내릴 확률이 가장 높은 날은 9월 21으로 서로 다르다.

09

변수와 평균의 차인 편차의 합은 0이다. 9월 24일의 평균과의 편차를 a라 할 때, 일자별 편차의 합을 구하면 다음과 같다.

$-3 - 2 + 1 + 4 + 3 + 0 - 2 - 2 - 1 + a = 0$

$\therefore a = 2$

따라서 9월 24일의 낮 최고기온은 $30 + 2 = 32$℃이다.

10

실용신안과 디자인은 2023년보다 2024년에 심판청구와 심판처리 건수가 적고, 심판처리 기간은 모든 분야에서 2021에 가장 짧다.

오답분석

① 제시된 자료를 통해 알 수 있다.

② 2023년과 2024년에는 심판청구 건수보다 심판처리 건수가 더 많았다.

③ 실용신안의 심판청구 건수와 심판처리 건수가 이에 해당한다.

④ 2021년에는 8개월, 2024년에는 10개월이므로 증가율은 $\dfrac{10 - 8}{8} \times 100 = 25$%이다.

11

2021년 실용신안 심판청구 건수가 100건이고, 2024년 실용신안 심판청구 건수가 60건이다.

따라서 감소율은 $\dfrac{100 - 60}{100} \times 100 = 40$%이다.

12

ㄱ. 절도에 대하여 '보통이다'라고 응답한 사람의 수는 350명으로, '매우 그렇다'라고 응답한 사람 수의 20배인 $18 \times 20 = 360$명보다 적다.

ㄴ. 기물파손에 대하여 '매우 그렇다'라고 응답한 사람의 수는 19명으로, 협박에 대하여 '매우 그렇다'라고 응답한 사람의 수인 23명보다 적다.

오답분석

ㄷ. 가택침입에 대하여 '전혀 그렇지 않다'라고 응답한 사람의 수는 338명으로, 강도에 대하여 '그런 편이다'라고 응답한 사람의 수인 182명 보다 많다.

ㄹ. 자료를 통해 모든 유형에서 '그렇지 않은 편이다'라고 응답한 사람의 수가 가장 많으며, '전혀 그렇지 않다'라고 응답한 사람의 수가 두 번째로 많음을 알 수 있다.

13

'그렇지 않은 편이다'라고 응답한 사람의 수가 가장 많은 유형은 750명이 응답한 기물파손이며, 두 번째는 746명이 응답한 강도이다.

14

정답 ③

2023년 4분기 경차의 수출액은 26천만 달러이고 2024년 4분기 경차의 수출액은 23천만 달러이므로 2024년 4분기 경차의 수출액은 전년 동분기보다 감소했다. 또한 1,500cc 초과 2,000cc 이하 중대형 휘발유·경유 승용차의 2024년 4분기 수출액도 전년 동분기보다 감소했다.

오답분석

① 2023년 4분기에 수출액이 두 번째로 높은 승용차 종류는 수출액 300천만 달러의 배기량 2,000cc 초과 휘발유 중대형 승용차이다.
② 2024년 1분기에 전 분기보다 수출액이 증가한 승용차 종류는 배기량 1,500cc 이하 경유 소형 승용차 한 종류이다.
④ • 2024년 3분기 소형 휘발유 승용차 수출액 : 125천만 달러
   • 2024년 4분기 소형 휘발유 승용차 수출액 : 170천만 달러

   따라서 전분기 대비 2024년 4분기 소형 휘발유 승용차 수출액의 증가율은 $\dfrac{170-125}{125}\times100=36\%$이다.

⑤ • 2024년 2분기 배기량 1,500cc 초과 2,000cc 이하 휘발유 중대형 승용차의 수출액 : 400천만 달러
   • 2024년 2분기 경차 수출액 : 20천만 달러

   따라서 2024년 2분기 배기량 1,500cc 초과 2,000cc 이하 휘발유 중대형 승용차의 수출액은 2024년 2분기 경차 수출액의 $\dfrac{400}{20}=20$배이다.

15

정답 ①

• 2024년 1분기 휘발유 승용차의 매출액 : 23+147+390+220=780천만 달러
• 2024년 4분기 휘발유 승용차의 매출액 : 23+170+440+310=943천만 달러
따라서 2024년 4분기 휘발유 승용차의 매출액은 동년 1분기보다 943-780=163천만 달러 증가했다.

16

정답 ④

2015 ~ 2020년은 절도보다 사기의 발생 건수가 더 많지만, 2021년 이후로는 사기보다 절도의 발생 건수가 더 많다.

오답분석

① 전체 재산범죄 발생 건수는 2018년과 2019년에는 각각 전년 대비 감소했고, 2020년부터 2024년까지 지속적으로 증가하였다.
② 2018년 대비 2019년 장물범죄 건수는 $\dfrac{36-18}{18}\times100=100\%$ 증가하였다.
③ 2018년 대비 2019년 절도 발생 건수 비율은 $\dfrac{180-150}{150}\times100=20\%$ 증가하였다.
⑤ 전체 재산범죄 발생 건수는 2024년에 570천 건으로 조사기간 중 가장 많다.

17

정답 ①

2022년 전체 재산범죄 중 횡령은 $\dfrac{26}{520}\times100=5\%$를 차지한다.

18

정답 ⑤

오답분석

① 2015년 섬유·의복의 종사자 수는 약 230만 명이고, 2000년 석유·화학의 종사자 수는 약 150만 명이다.
② 1990년 섬유·의복의 종사자 수는 약 290만 명이고, 2005년 석유·화학의 종사자 수는 약 120만 명, 2020년은 약 115만 명이다.
③ 1995년 전기·전자의 종사자 수는 석유·화학의 종사자 수보다 많다.
④ 2020년 섬유·의복의 종사자 수는 2015년보다 적다.

19

n을 자연수라고 할 때, n시간 후 세균의 수는 $\dfrac{19}{2n-1}$백만 마리이다.

따라서 10시간 후 세균의 수는 $\dfrac{19}{2 \times 10 - 1} = \dfrac{19}{19} = 1$백만 마리이다.

20

매년 노령인구수의 증가 폭이 1.5만 명씩 증가하고 있다.
• 2025년 : $45 + (1.5 \times 5) = 52.5$만 명
• 2026년 : $52.5 + (1.5 \times 6) = 61.5$만 명
• 2027년 : $61.5 + (1.5 \times 7) = 72$만 명
• 2028년 : $72 + (1.5 \times 8) = 84$만 명
따라서 2028년도에 예상되는 노령인구의 수는 84만 명이다.

01	02	03	04	05	06	07	08	09	10	11	12	13	14	15	16	17	18	19	20
①	④	①	④	⑤	④	④	②	①	⑤	③	④	④	③	④	④	⑤	④	④	③

21	22	23	24	25	26	27	28	29	30										
④	④	②	②	④	⑤	④	③	②	②										

01
정답 ①

'비가 온다.'를 A, '산책을 나간다.'를 B, '공원에 들린다.'를 C라고 하면, 전제1은 ~A → B, 전제2는 ~C → ~B이다. 전제2의 대우가 B → C이다. 삼단논법에 의해 ~A → B → C가 성립하므로 결론은 ~A → C나 ~C → A이다. 따라서 빈칸에 들어갈 내용은 '공원에 들리지 않으면 비가 온 것이다.'이다.

02
정답 ④

'창의적인 문제해결'을 A, '브레인스토밍을 한다.'를 B, '상대방의 아이디어를 비판한다.'를 C라고 하면, 전제1은 A → B, 전제2는 B → ~C이므로 A → B → ~C가 성립한다. 따라서 빈칸에 들어갈 내용은 A → ~C인 '창의적인 문제해결을 하기 위해서는 상대방의 아이디어를 비판해서는 안 된다.'이다.

03
정답 ①

'갈매기'를 p, '육식을 하는 새'를 q, '바닷가에 사는 새'를 r, '헤엄을 치는 새'를 s라고 하면, 전제1은 $p → q$, 전제3은 $r → p$, 결론은 $s → q$이다. 따라서 $s → r$이 빈칸에 들어가야 $s → r → p → q$가 되어 결론인 $s → q$가 성립된다. 참인 명제의 대우 역시 참이므로 '바닷가에 살지 않는 새는 헤엄을 치지 않는다.'가 답이 된다.

04
정답 ④

북한산보다 낮은 도봉산과 관악산보다 북악산이 더 낮으므로 북악산이 가장 낮은 산임을 알 수 있다. 그러나 제시된 사실만으로는 도봉산과 관악산의 높이를 비교할 수 없다.

05
정답 ⑤

주어진 조건을 정리해보면 다음과 같다.

구분	A학교	B학교	C학교	D학교	E학교
경우 1	가	마	다	라	나
경우 2	나	마	다	라	가

따라서 항상 참인 것은 ⑤이다.

오답분석

①·②·③ 주어진 조건만으로는 판단하기 힘들다.
④ 가는 A학교에 배정될 수도 배정받지 못할 수도 있다.

06

정답 ④

주어진 조건을 정리해보면 다음과 같다.

구분	미국	영국	중국	프랑스
올해	D	C	B	A
작년	C	A	D	B

따라서 항상 참인 것은 ④이다.

07

정답 ④

다섯 번째 조건에 따르면 E대리는 참석한다.

네 번째 조건의 대우는 'E대리가 참석하면 D대리는 참석하지 않는다.'이므로 D대리는 참석하지 않는다.

첫 번째 조건에 따라, D대리가 참석하지 않으므로 C주임이 참석한다.

세 번째 조건에 따라, C주임이 참석하면 A사원도 참석한다.

두 번째 조건은 나머지 조건들과 논리적 동치 관계가 없으므로 판단의 근거로 활용할 수 없다.

따라서 반드시 참석하는 직원은 A사원, C주임, E대리이고 반드시 참석하지 않는 직원은 D대리이며, B사원과 F과장의 참석여부는 분명하지 않다. 그러므로 B사원과 F과장이 참석한다고 가정하는 경우가 A사원, B사원, C주임, E대리, F과장 5명인 최대 인원이 참석하는 경우이다.

08

정답 ②

주어진 조건에 따라 들어가야 할 재료 순서를 배치해보면 다음과 같다.

첫 번째	두 번째	세 번째	네 번째	다섯 번째	여섯 번째	일곱 번째
바	다	마	나	사	라	가

따라서 두 번째 넣어야 할 재료는 다이다.

09

정답 ①

주어진 조건에 따라 학생 순서를 배치해보면 다음과 같다.

1	2	3	4	5	6	7	8
마	다	가	아	바	나	사	라

따라서 3번째에 올 학생은 가이다.

10

정답 ⑤

주어진 조건에 따라 건물의 엘리베이터 검사 순서를 추론해보면 다음과 같다.

첫 번째	5호기
두 번째	3호기
세 번째	1호기
네 번째	2호기
다섯 번째	6호기
여섯 번째	4호기

따라서 1호기는 세 번째로 검사하며 다음은 2호기, 그다음이 6호기이므로 6호기는 다섯 번째로 검사하는 것이 맞다.

11

주어진 조건에 따라 레스토랑의 코스 요리를 추론해보면 다음과 같다.

1번째 코스	스프
2번째 코스	치킨 샐러드
3번째 코스	생선 튀김
4번째 코스	버섯 파스타
5번째 코스	스테이크
6번째 코스	치즈 케이크
7번째 코스	푸딩

따라서 스테이크 다음으로 나올 음식은 치즈 케이크이며, 버섯 파스타는 스테이크 이전에 나오는 메뉴이다.

12

정답 ④

주어진 조건에 따라 매대를 추론해보면 다음과 같다.

4층	사과
3층	배
2층	귤
1층	감

따라서 귤은 2층, 배는 3층, 감은 1층이므로, 귤이 배와 감 사이에 위치하는 것이 맞는 추론이다.

13

정답 ④

네 번째, 다섯 번째 결과를 통해서 '낮잠 자기를 좋아하는 사람은 독서를 좋아한다.'는 사실을 알 수 있다.

14

정답 ③

이 문제는 선택지를 보고 조건에 부합하지 않는 선지가 있는지 확인하며 푸는 방법이 가장 빠르다. ③만 모든 조건에 부합한다.

오답분석
① E가 두 명 탑승한 차에 있기 때문에 오답이다.
② A가 D나 F 중 어떤 사람과도 함께 타지 않았기 때문에 오답이다.
④ E가 두 명 탑승한 차에 있고, E와 F가 한 차에 탑승했는데 A와 C가 한 차에 탑승하지 않았기 때문에 오답이다.
⑤ A가 D나 F 중 어떤 사람과도 함께 타지 않았고, B와 D가 한 차에 탑승했기 때문에 오답이다.

15

정답 ④

단 한 명이 거짓말을 하고 있으므로 C와 D 중 한 명은 반드시 거짓을 말하고 있다. 즉, C의 말이 거짓일 경우 D의 말은 참이 되며, D의 말이 참일 경우 C의 말은 거짓이 된다.
ⅰ) D의 말이 거짓일 경우
　　C와 B의 말이 참이므로 A와 D가 모두 1등이 되므로 모순이다.
ⅱ) C의 말이 거짓일 경우
　　A는 1등 당첨자가 되지 않으며, 나머지 진술에 따라 D가 1등 당첨자가 된다.
따라서 C가 거짓을 말하고 있으며, 1등 당첨자는 D이다.

16

정답 ④

규칙은 세로로 적용된다.
첫 번째 도형을 y축 기준으로 대칭 이동한 것이 두 번째 도형이고, 이를 시계 반대 방향으로 $90°$ 회전한 것이 세 번째 도형이다.

17
정답 ⑤

규칙은 세로로 적용된다.
첫 번째 도형을 시계 방향으로 45° 회전한 것이 두 번째 도형이고, 이를 x축 기준으로 대칭 이동한 것이 세 번째 도형이다.

18
정답 ④

규칙은 세로로 적용된다.
첫 번째 도형을 시계 방향으로 180° 회전한 것이 두 번째 도형이고, 이를 y축 기준으로 대칭 이동한 것이 세 번째 도형이다.

[19~22]

- ◁ : 각 자릿수 +2, +1, +1, +2
- ♧ : 1234 → 3412
- ▲ : 각 자릿수 −4, −3, −2, −1
- □ : 1234 → 1324

19
정답 ④

ㄷ5ㅇ6 → ㅁ6ㅈ8 → ㄱ3ㅅ7
    ◁   ▲

20
정답 ③

ㅇ2ㄴ8 → ㅇㄴ28 → 28ㅇㄴ
    □   ♧

21
정답 ④

ㅅ7ㄷ3 → ㄷ4ㄱ2 → ㄷㄱ42
    ▲   □

22
정답 ④

ㄱKN2 → N2ㄱK → P3ㄴM
    ♧   ◁

23
정답 ②

문맥상 먼저 속담을 제시하고 그 속담에 얽힌 이야기가 순서대로 나와야 하므로 (라) 문단이 가장 먼저 나온다. 그 후에 (라) 문단 다음으로 '앞집'과 '뒷집'의 다툼이 시작되는 (가) 문단이 나오고, 적반하장 격으로 뒷집이 앞집에 닭 한 마리 값을 물어주게 된 상황을 설명하는 (다) 문단이 (가) 문단 뒤로 이어지며, 이야기를 전체적으로 요약하고 평가하는 (나) 문단을 마지막에 나열하는 것이 적절하다.

24
정답 ②

수직 계열화에서 사용자 중심으로 산업 패러다임이 변화되고 있음을 제시하는 (나)문단이 가장 먼저 오는 것이 적절하며, 그다음으로 가스경보기를 예로 들어 수평적 연결에 대해 설명하는 (다)문단이 적절하다. 그 뒤를 이어 이러한 수평적 연결이 사물인터넷 서비스로 새롭게 성장한다는 (가)문단이, 마지막으로는 다양해지는 사물인터넷 서비스에 대해 설명하는 (라)문단 순으로 나열하는 것이 적절하다.

25

토크빌은 시민들의 정치적 결사가 소수자들이 다수의 횡포를 견제할 수 있는 수단으로 온전히 기능하기 위해서는 도덕의 권위에 도전하는 것이 아니라 호소해야 한다고 보았다.

오답분석

① 미국의 입법부는 미국 시민의 이익을 대표하며, 의회 다수당은 다수 여론의 지지를 받는다. 이를 고려하면 언제든 '다수의 이름으로' 소수를 배제한 입법권의 행사가 가능해진다고 하였다.
② 미국의 항구적인 지역 자치의 단위인 타운, 시티, 카운티조차도 주민들의 자발적인 결사로부터 형성된 단체라고 하였다.
③ 집회로부터 선출된 지도부는 도덕적인 힘을 가지고 자신들의 의견을 반영한 법안을 미리 기초하여 그것이 실제 법률로 제정되게끔 공개적으로 입법부에 압력을 가할 수 있다고 하였다.
⑤ 다수의 횡포를 제어할 수 있는 정치 제도가 없는 상황에서 소수 의견을 가진 시민들의 정치적 결사는 다수의 횡포에 맞설 수 있는 유일한 수단이라고 하였다.

26

정답 ⑤

완전한 문자 체계란 구어의 범위를 포괄하는 기호 체계를 말한다고 했는데, 제시문에서는 고대 이집트 상형문자를 완전한 문자 체계의 하나로 보고 있다. 따라서 고대 이집트 상형문자는 구어의 범위를 포괄하고 있다고 볼 수 있다.

오답분석

① 원시 수메르인들은 거래 기록의 보존처럼 구어로는 하지 못할 일을 하기 위해서 문자를 사용했다.
② 수메르어 문자 체계가 완전하지 않아 자기 마음을 표현하는 시를 적고 싶었더라도 그렇게 할 수 없었다고 한 부분을 통해 알 수 있다.
③ 기호를 읽고 쓸 줄 아는 사람은 얼마 되지 않았다고 한 부분을 통해 알 수 있다.
④ 원시 수메르어 문자 체계는 숫자를 나타내는 데 1, 10, 60 등의 기호를 사용했고, 사람, 동물 등을 나타내기 위해 다른 종류의 기호를 사용했다고 한 부분을 통해 알 수 있다.

27

정답 ④

제시문에서는 비현금 결제의 편리성, 경제성, 사회의 공공 이익에 기여 등을 이유로 들어 비현금 결제를 지지하고 있다. 따라서 비현금 결제 방식이 경제적이지 않다는 논지로 반박하는 것이 적절하다.

오답분석

①·⑤는 제시문의 주장에 반박하는 것이 아니라 제시문의 주장을 강화하는 근거에 해당한다.
② 제시문에서는 빈익빈 부익부와 관련된 내용은 주장의 근거로 사용하고 있지 않으므로 적절하지 않다.
③ 개인의 선택의 자유가 확대된다고 해서 공공 이익에 부정적 영향을 미치는 것은 아니며, 이는 제시문에서 제시한 근거와도 관련이 없으므로 적절하지 않다.

28

정답 ③

'소비자 책임 부담 원칙'은 소비자를 이성적인 존재로 상정하며, 소비자의 선택이 자유로움을 전제로 한다. 따라서 실제로는 소비자가 자유로운 선택을 하기 어렵다는 주장을 통해 반박할 수 있다.

오답분석

① 소비자는 소비 생활에 필요한 상품의 성능, 가격, 판매 조건 등의 정보를 광고에서 얻을 수 있기 때문에 도움이 되지 않는 것은 아니다.
②·④·⑤ 제시문의 주장과 일치한다.

29

제시문은 박람회의 여러 가지 목적 중 다양성을 통한 주최 국가의 '이데올로기적 통일성'을 표현하려는 의도를 설명하고 있다.

ㄱ. 첫 번째 문단에서는 경제적 효과, 두 번째 문단에서는 사회적 효과, 즉 다양성을 통한 '이데올로기적 통일성'을 표현하려 한다고 했으므로 올바른 추론이다.

ㄴ. 다양성을 통해 '이데올로기적 통일성'을 표현하여 정치적 무기로 사용한다고 했으므로 올바른 추론이다.

ㄷ. 마지막 문단에서 당시의 '사회적 인식'을 기초로 해서 당시의 기득권 사회가 이를 그들의 합법적인 위치의 정당성과 권력을 위해 진행하고 있는 투쟁에서 의식적으로 조작된 정치적 무기로서 조직, 설립, 통제를 위한 수단으로 사용하고 있다고 하였으므로 올바른 추론이다.

30

갑과 을의 수치가 같다면 양분비율이나 백분율의 비율이 같기 때문에 올바른 추론이다.

오답분석

ㄱ. '기존 믿음의 정도들'이 달라졌다고 해도 변화된 수치를 양분해서 적용시키는 방법과 변화된 수치를 적용된 기존 수치의 백분율에 따라 배분하는 방법에 의해 수정되기 때문에 각 수치의 변동률은 같게 나오게 된다.

ㄴ. '갑이 범인'과 '을이 범인'에 대한 믿음의 정도의 차이는 방법 A를 이용한 결과가 방법 B를 이용한 결과의 최대치를 놓고 보아도 결과는 달라지지 않는다. 첫 번째 방법은 양분을 하는 것이므로 평균치에 가까워지는 반면, 두 번째 방법은 기존 비율에 비례하게 배분하는 것이므로 비율의 차이는 커지게 된다.

3일 차 기출응용 모의고사 정답 및 해설

제1영역 수리

01	02	03	04	05	06	07	08	09	10	11	12	13	14	15	16	17	18	19	20
②	③	③	④	③	②	④	④	①	⑤	③	④	①	③	①	②	③	③	④	②

01
정답 ②

• 국내 여행을 선호하는 남학생 수 : $30-16=14$명
• 국내 여행을 선호하는 여학생 수 : $20-14=6$명

따라서 국내 여행을 선호하는 학생 수는 $14+6=20$명이므로 구하고자 하는 확률은 $\frac{14}{20}=\frac{7}{10}$이다.

02
정답 ③

6개의 숫자로 여섯 자릿수를 만드는 경우는 6!가지이다. 그중 1이 3개, 2가 2개씩 중복되므로 $3!\times2!$의 경우가 겹친다.

따라서 가능한 경우의 수는 $\frac{6!}{3!\times2!}=60$가지이다.

03
정답 ③

A국과 F국을 비교해보면 참가선수는 A국이 더 많지만, 동메달 수는 F국이 더 많다.

오답분석

① 금메달은 $F-A-E-B-D-C$ 순서로 많고, 은메달은 $C-D-B-E-A-F$ 순서로 많다.
② C국은 금메달을 획득하지 못했지만 획득한 메달 수는 149개로 가장 많다.
④ 참가선수 수의 순위와 메달 합계의 순위는 동일하다.
⑤ 참가선수가 가장 적은 국가는 F로 메달 합계는 6위이다.

04
정답 ④

2014년 대비 2024년 신장 증가량은 A가 22cm, B가 21cm, C가 28cm로 C가 가장 많이 증가하였다.

오답분석

① B의 2024년 체중은 2019년에 비해 감소하였다.
② 2014년의 신장 순위는 B, C, A 순서이지만, 2024년의 신장 순위는 C, B, A 순서이다.
③ 2019년에 세 사람 중 가장 키가 큰 사람은 B이다.
⑤ 2014년 대비 2019년에 체중 증가는 A, B, C 모두 6kg으로 같다.

05

연령대별 조사대상자 중 개인컵 사용자 수를 구하면 다음과 같다.

- 20대 미만 : 40×0.15=6명
- 20대 : 55×0.4=22명
- 30대 : 65×0.2=13명
- 40대 : 40×0.15=6명

따라서 조사대상자 중 개인컵 사용자 수가 가장 많은 연령대는 20대이고, 개인컵 사용률이 가장 높은 연령대도 20대이다.

> **오답분석**

① 남성과 여성의 조사대상자 중 개인컵 사용자 수는 남성은 100×0.1=10명, 여성은 100×0.2=20명이다. 따라서 조사대상자 중 개인컵 사용자 수는 여성이 남성의 $\frac{20}{10}=2$배이다.

② 조사대상자 중 20・30대는 각각 55명, 65명으로 총 120명이다. 이는 전체 조사대상자인 200명의 $\frac{120}{200}×100=60\%$이다.

④ 40대 조사대상자에서 개인컵 사용자 수는 40×0.15=6명으로 이 중 2명이 남성이라면, 여성은 4명이다. 따라서 여성의 수는 남성의 $\frac{4}{2}=2$배에 해당한다.

⑤ 수도권 지역의 개인컵 사용률은 37%이고, 수도권 외 지역은 23%이므로 전자는 후자보다 14%p 높다.

06

정답 ②

2022년과 2023년 사기업의 수도권 지역과 수도권 외 지역의 월평균 방역횟수 차이를 구하면 다음과 같다.

구분	대기업	중소기업	개인기업
2022년	18-15=3회	8-4=4회	3-1=2회
2023년	21-16=5회	13-11=2회	10-6=4회

따라서 2022년 수도권 지역과 수도권 외 지역의 월평균 방역횟수의 차이가 가장 큰 곳은 중소기업이었으나, 2023년에는 대기업으로 바뀌었다.

> **오답분석**

① 수도권 지역과 수도권 외 지역의 2022년 대비 2023년 공공기관의 월평균 방역횟수 증가율을 구하면 다음과 같다.

- 수도권 : $\frac{15-10}{10}×100=50\%$
- 수도권 외 : $\frac{7-5}{5}×100=40\%$

따라서 월평균 방역횟수 증가율은 수도권 지역이 수도권 외 지역보다 50-40=10%p 높다.

③ 2023년 수도권 지역의 월평균 방역횟수가 가장 많은 곳은 병원이고, 가장 적은 곳은 유흥업소이다. 따라서 두 업소의 월평균 방역횟수 차이는 88-3=85회이다.

④ 2022년 수도권 지역과 수도권 외 지역의 월평균 방역횟수의 차이를 정리하면 다음과 같다.

구분	수도권-수도권 외	구분	수도권-수도권 외
공공기관	10-5=5회	카페	8-6=2회
대기업	18-15=3회	식당	11-8=3회
중소기업	8-4=4회	PC방	7-5=2회
개인기업	3-1=2회	목욕탕・찜질방	7-1=6회
학교	10-7=3회	노래방	2-1=1회
병원	62-58=4회	유흥업소	2-1=1회
학원・독서실	6-4=2회		

따라서 2022년 수도권 지역과 수도권 외 지역의 월평균 방역횟수의 차이가 가장 큰 곳은 6회인 목욕탕・찜질방이다.

⑤ 2022년 수도권 외 지역의 카페와 식당의 월평균 방역횟수의 평균횟수는 $\frac{6+8}{2}=7$회이다. 이는 PC방의 월평균 방역횟수인 5회보다 많다.

07

2018년 대비 2024년의 아르바이트 시급은 $\frac{11,000-8,000}{8,000} \times 100 = 37.5\%$ 상승하였다.

오답분석

① 2022년의 아르바이트 시급은 전년 대비 9,500−9,000=500원 상승하였고, 2023년의 아르바이트 시급 또한 전년 대비 10,000−9,500 =500원 상승하였다.

② 2021년의 전년 대비 아르바이트 시급 상승폭은 9,000−8,800=200원으로 상승폭이 가장 작다.

③ 2024년의 아르바이트 시급은 전년 대비 $\frac{11,000-10,000}{10,000} \times 100 = 10\%$ 상승하였다.

⑤ 2022년의 아르바이트 시급은 9,500원이고 2023년은 10,000원, 2024년은 11,000원이므로 아르바이트 시급이 10,000원 이상인 해는 2023년부터이다.

08

2023년과 2024년에 해상을 통해 수입한 화물실적 건수의 합은 12+14=26백만 건이고, 항공을 통해 수입한 건수의 합은 34+44=78백만 건이다. 따라서 두 건수의 차는 78−26=52백만 건이다.

09

2023년 수출 건수 및 수입 건수의 총합은 13+46=59백만 건이므로 60백만 건 미만이다.

오답분석

ㄴ. 해상을 통한 수출 중량은 2023년에 271백만 톤, 2024년에는 282백만 톤으로 모두 290백만 톤 미만이다.

ㄷ. 2023년 대비 2024년에 항공을 통한 수출은 건수가 7백만 건에서 9백만 건으로 증가하였으며, 중량도 14백만 톤에서 18백만 톤으로 모두 증가하였다.

10

여성 모델과 여성 배우의 2000년대 대비 2020년대의 평균 데뷔 나이 증가율은 다음과 같다.

• 여성 모델 : $\frac{23-20}{20} \times 100 = 15\%$

• 여성 배우 : $\frac{28-25}{25} \times 100 = 12\%$

따라서 여성 모델의 2000년대 대비 2020년대의 평균 데뷔 나이 증가율은 여성 배우보다 15−12=3%p 더 높다.

오답분석

① 남성 가수의 평균 데뷔 나이는 1990년대가 28세로 가장 높다.

② 배우직업군의 단순평균 평균 데뷔 나이를 계산하면 다음과 같다.
   • 1980년대 : (20+18)÷2=19
   • 1990년대 : (23+22)÷2=22.5
   • 2000년대 : (24+25)÷2=24.5
   • 2010년대 : (26+26)÷2=26
   • 2020년대 : (25+28)÷2=26.5
   따라서 배우직업군의 단순평균 평균 데뷔 나이는 매년 높아지고 있음을 알 수 있다.

③ 남성 모델의 평균 데뷔 나이는 모든 연도에서 25세 이상이고, 여성 모델의 평균 데뷔 나이도 모두 25세 미만이다.

④ 남성 개그맨의 평균 데뷔 나이가 가장 낮은 해는 25세로 2000년대이고, 여성 개그맨의 평균 데뷔 나이가 가장 높은 해는 27세로 2000년대이므로 동일하다.

11

여성 가수의 1980년대부터 2020년대까지의 단순평균 평균 데뷔 나이를 구하는 식은 다음과 같다.

$$\frac{18+20+19+20+21}{5}=19.6세$$

따라서 단순평균 평균 데뷔 나이는 20세 미만이다.

오답분석

① 여성 배우의 평균 데뷔 나이가 남성 배우보다 높은 연도는 2000년대와 2020년대이다.

② 2010년대 ~ 2020년대에 남성 평균 데뷔 나이가 30대 이상인 직업은 다음과 같다.
- 2010년 : 남성 아나운서 32세, 남성 개그맨 30세
- 2020년 : 남성 아나운서 30세, 남성 개그맨 31세

따라서 2010년대 ~ 2020년대에 남성 평균 데뷔 나이가 30대 이상인 직업은 아나운서와 개그맨이다.

④ 남성 모델과 여성 모델의 1980년대 대비 2020년대 평균 데뷔 나이 증가율은 다음과 같다.
- 남성 모델 : $\frac{28-25}{25}\times100=12\%$
- 여성 모델 : $\frac{23-20}{20}\times100=15\%$

따라서 남성 모델이 여성 모델보다 낮다.

⑤ 2000년대 남성 평균 데뷔 나이가 가장 높은 직업은 28세로 아나운서이고, 여성 평균 데뷔 나이가 가장 높은 직업은 27세로 개그맨이다.

12

정답 ④

ㄴ. B상품에 대한 선호도는 남성(46%)보다 여성(66%)이 높으므로 남성보다 여성이 더 소비할 것임을 예측할 수 있다.

ㄷ. 빵인 B상품에 대한 남성의 선호도는 46%인 반면, 도시락인 A・D상품에 대한 남성의 선호도는 각각 74%, 61%이다. 따라서 남성의 경우, 후보 상품 중 빵보다 도시락에 대한 선호도가 더 높음을 알 수 있다.

오답분석

ㄱ. 후보 상품 중 음료는 C・E상품이며, C상품에 대한 선호도는 여성(42%)이 남성(26%)보다 높으므로 옳지 않은 설명이다.

13

정답 ①

입고 상품 선정 방식에 따라 A ~ E상품의 적합점수를 계산하면 다음과 같다.

(단위 : 점)

상품	A	B	C	D	E
사전 선호도 점수	7.4+4.1=11.5	4.6+6.6=11.2	2.6+4.2=6.8	6.1+8.4=14.5	7.8+5.2=13
예산점수	8	6	10	2	4
적합점수	19.5	17.2	16.8	16.5	17

따라서 적합점수가 가장 높은 A상품이 매장에 입고된다.

14

정답 ③

근속연수가 20년 이상인 직원들의 경우 육아 휴직 활성화에 대한 응답률(27%)이 가장 높다.

오답분석

① 근속연수별 가장 높은 응답률을 보인 항목은 5년 미만의 경우 사내 문화 개선, 5년 이상 20년 미만의 경우 임금 인상, 20년 이상의 경우 육아 휴직 활성화이므로 서로 동일하지 않다.

② 연차 사용 보장 항목을 선택한 근속연수별 직원의 비율은 서로 비교 가능하지만, 근속연수별 직원의 수는 알 수 없으므로 서로 비교할 수 없다.

④ 근속연수가 길수록 사내 문화 개선에 대한 응답률이 낮다.

⑤ 임금 인상 항목에 대한 응답률이 가장 낮으나, 이는 개선 필요성을 고려한 것일 뿐 부정적인 판단으로 볼 수 없다.

15

근속연수별 직원의 비율이 1 : 1 : 1이라면, 근무 형태 유연화를 선택한 직원 수는 다음과 같다.

구분 \ 근속연수	5년 미만	5년 이상 20년 미만	20년 이상	합계
직원 수	300명	300명	300명	900명
응답자 수	300×0.19=57명	300×0.23=69명	300×0.15=45명	171명

따라서 근무 형태 유연화를 선택한 직원은 150명 이상이다.

오답분석

ㄴ. 근속연수별 직원의 비율이 3 : 5 : 1이라면, 육아 휴직 활성화를 선택한 직원 수는 다음과 같다.

구분 \ 근속연수	5년 미만	5년 이상 20년 미만	20년 이상	합계
직원 수	300명	500명	100명	900명
응답자 수	300×0.11=33명	500×0.19=95명	100×0.27=27명	155명

따라서 육아 휴직 활성화를 선택한 직원 중 근속연수가 5년 이상 20년 미만인 직원의 수가 가장 많다.

ㄷ. 근속연수별 직원의 비율이 4 : 3 : 2라면, 근속연수가 20년 이상인 직원은 $900 \times \frac{2}{9} = 200$명이므로 이들 중 사내 문화 개선을 선택한 직원은 200×0.15=30명이다.

16

일반회사직 종사자는 '1시간 이상 3시간 미만'이라고 응답한 비율이 45%로 가장 높지만, 자영업자는 '1시간 미만'이라고 응답한 비율이 36%로 가장 높다.

오답분석

① 교육에 종사하는 사람은 공교육직과 사교육직을 합쳐 총 300+200=500명으로 전체 2,000명 중 $\frac{500}{2,000} \times 100 = 25\%$에 해당한다.

③ 공교육직 종사자와 교육 외 공무직 종사자의 응답 비율을 높은 순서대로 나열하면 다음과 같다.
- 공교육직 : 5시간 이상 – 3시간 이상 5시간 미만 – 1시간 이상 3시간 미만 – 1시간 미만
- 교육 외 공무직 : 1시간 미만 – 1시간 이상 3시간 미만 – 3시간 이상 5시간 미만 – 5시간 이상

따라서 반대의 추이를 보인다.

④ 연구직 종사자와 의료직 종사자의 응답 비율의 차는 다음과 같다.
- 1시간 미만 : 67−52=15%p
- 1시간 이상 3시간 미만 : 5−1=4%p
- 3시간 이상 5시간 미만 : 7−2=5%p
- 5시간 이상 : 41−25=16%p

따라서 응답 비율의 차가 가장 큰 구간은 '5시간 이상'이다.

⑤ 제시된 자료를 통해 알 수 있다.

17

'5시간 이상'이라고 응답한 교육 외 공무직 비율은 18%로 연구직인 25%보다 낮다. 그러나 응답자 수는 교육 외 공무직 종사자가 400×0.18=72명, 연구직 종사자가 260×0.25=65명으로 교육 외 공무직 종사자 응답자 수가 더 많다.

오답분석

ㄱ. 전체 응답자 중 공교육직 종사자 300명이 차지하는 비율은 $\frac{300}{2,000} \times 100 = 15\%$이고, 연구직 종사자 260명이 차지하는 비율은 $\frac{260}{2,000} \times 100 = 13\%$이다. 따라서 15−13=2%p 더 높다.

ㄴ. 공교육직 종사자의 응답 비율이 가장 높은 구간은 '5시간 이상'으로 그 응답자 수는 300×0.5=150명이고, 사교육직 종사자의 응답 비율이 가장 높은 구간은 '1시간 미만'으로 그 수는 200×0.3=60명이므로 $\frac{150}{60} = 2.5$배이다.

18

살인과 강간의 발생 건수와 검거 건수의 수치가 바뀌었다.

19

(작업인원)이 1명일 때, (생산량)이 8대이므로, $a+b^2=8$ … ⓐ

(작업인원)이 3명일 때, (생산량)이 48대이므로, $9a+3b^2=48$ … ⓑ

ⓐ와 ⓑ를 연립하면, $b^2=4$이고, $b>0$이므로 $b=2$이다.

ⓐ에 $b=2$를 대입하면 $a=4$이다.

식을 정리하면, 생산량$=4\times$(작업인원수)$^2+4\times$(작업인원수)이므로,

(작업인원)이 2명일 때, $4\times(2)^2+4\times(2)$이므로$=24$ … ㉠

(작업인원)이 5명일 때, $4\times(5)^2+4\times(5)$이므로$=120$ … ㉡

따라서 ㉠은 24, ㉡은 120이 된다.

20

매일 수거하는 쓰레기의 양은 11kg씩 감소하고 있다.

따라서 5월 7일에 수거한 쓰레기의 양은 609kg이므로 5일 후인 12일에 수거한 쓰레기의 양은 $609-(11\times5)=554$kg이다.

01	02	03	04	05	06	07	08	09	10	11	12	13	14	15	16	17	18	19	20
②	⑤	③	④	⑤	①	①	④	②	①	①	④	④	②	④	⑤	⑤	②	①	④
21	**22**	**23**	**24**	**25**	**26**	**27**	**28**	**29**	**30**										
⑤	①	③	②	④	④	⑤	③	②	②										

01

정답 ②

'매일 자전거를 타다.'를 A, '폐활량이 좋아진다.'를 B, '주말에 특별한 일이 있다.'를 C라고 하면 전제1은 A → B, 전제2는 ~C → A이다. 삼단논법에 의해 ~C → A → B가 성립하므로 결론은 ~C → B나 ~B → C이다. 따라서 빈칸에 들어갈 내용은 '주말에 특별한 일이 없으면 폐활량이 좋아진다.'이다.

02

정답 ⑤

'지구 온난화 해소'를 A, '탄소 배출을 줄인다.'를 B, '기후 위기가 발생한다.'를 C라고 하면, 전제1은 A → B, 전제2는 ~A → C이다. 전제2의 대우는 ~C → A이므로 ~C → A → B가 성립한다. 따라서 빈칸에 들어갈 내용은 ~C → B인 '기후 위기가 발생하지 않으려면 탄소 배출을 줄여야 한다.'가 결론으로 적절하다.

03

정답 ③

'강아지를 좋아한다.'를 A, '자연을 좋아한다.'를 B, '산을 좋아한다.'를 C라고 하면, 전제1과 결론은 각각 A → B, ~B → ~C이다. 결론의 대우 명제는 C → B이므로 C → A 명제가 필요하다. 따라서 전제2에는 C → A의 대우 명제인 '강아지를 좋아하지 않는 사람은 산을 좋아하지 않는다.'가 적절하다.

04

정답 ④

D는 102동 또는 104동에 살며, A와 B가 서로 인접한 동에 살고 있으므로 E는 101동 또는 105동에 산다. 이를 통해 101동부터 (A, B, C, D, E), (B, A, C, D, E), (E, D, C, A, B), (E, D, C, B, A)의 네 가지 경우를 추론할 수 있다. 따라서 'A가 102동에 산다면 E는 105동에 산다.'는 반드시 참이 된다.

05

정답 ⑤

주어진 조건에 따라 앞서 달리고 있는 순서대로 나열하면 'A - D - C - E - B'가 된다. 따라서 이 순위대로 결승점까지 달린다면 C는 3등을 할 것이다.

06

정답 ①

네 번째 조건에 따라 C는 참여하고, D는 참여하지 않는다.
다섯 번째 조건에 따라 A는 참여한다.
세 번째 조건에 따라 B 또는 D가 참여해야 하는데, D가 참여하지 않으므로 B가 참여한다.
첫 번째 조건에 따라 E는 참여하지 않는다.
따라서 사내 워크숍 참석자는 A, B, C이다.

07

한 번 거주했던 층에서는 다시 거주할 수 없기 때문에 가는 3층, 나는 2층에 배정될 수 있다. 다는 1층 또는 4층에 배정될 수 있지만, 라는 1층에만 거주할 수 있기 때문에, 다는 4층, 라는 1층에 배정된다. 이를 표로 정리하면 다음과 같다.

가	나	다	라
3층	2층	4층	1층

따라서 항상 참인 것은 ①이다.

오답분석

②·③·④ 주어진 조건만으로는 판단하기 힘들다.

⑤ 매년 새롭게 층을 배정하기 때문에 나 또한 3년 이상 거주했을 것이다.

08

주어진 조건을 정리해보면 다음과 같다.

구분	서울	인천	과천	세종
경우 1	D	A	B	C
경우 2	D	C	B	A

따라서 항상 참인 것은 ④이다.

오답분석

①·② 주어진 조건만으로는 판단하기 힘들다.

③ 근무했던 지점에서 일을 할 수 없다.

⑤ D가 일하게 되는 지점은 서울이다.

09

주어진 조건에 따라 해야 할 업무 순서를 배치해보면 다음과 같다.

첫 번째	두 번째	세 번째	네 번째	다섯 번째	여섯 번째	일곱 번째
B	G	C	F	A	E	D

따라서 세 번째로 해야 할 업무는 C이다.

10

제주는 수·목·금요일과 일요일에 원정 경기를 할 수 있다.

오답분석

② 제주가 수요일에 홈경기가 있든 원정 경기가 있든 화요일이 홈경기이기 때문에 목요일은 반드시 쉬어야 한다.

③ ②와 마찬가지로 토요일에 서울이 홈경기를 하기 때문에 일요일에 경기를 한다면 반드시 쉬어야 한다.

④ 전북이 목요일에 경기를 한다면 울산과 홈경기를 하고, 울산은 원정 경기이므로 금요일에 쉬게 된다. 따라서 금요일에 경기가 있다면 서울과 제주의 경기가 된다.

⑤ 울산이 금요일에 홈경기를 하면, 상대팀은 원정 경기를 하게 된다. 따라서 토요일에 경기가 있는 전북과 서울은 경기를 할 수 없으므로 제주와의 경기가 된다.

11

주어진 조건에 따라 잡화점의 매대 구성을 추론해보면 다음과 같다.

3층	수정테이프, 색종이
2층	수첩, 볼펜
1층	지우개, 샤프

따라서 매대 1층에는 샤프와 지우개가 있다.

12

주어진 조건에 따라 고등학교의 학급 배치를 추론해보면 다음과 같다.

5층	8반, 3반
4층	6반, 1반
3층	2반, 5반
2층	4반, 7반
1층	학급 없음(교장실 교무실)

따라서 7반은 2층에 있으며 문제에서 1층에는 교장실과 교무실만 있고 학급이 없다고 했다.

13

정답 ④

A의 진술 중 'D가 두 번째이다.'가 참이라고 가정하면 D, E의 진술 중 'E가 네 번째이다.'가 거짓이다.
그러므로 A가 가장 많이 나오고, D가 두 번째이다. 하지만 B의 진술이 모두 거짓이여서 모순이므로 A의 진술 중 '내가 세 번째이다.'가 참이다.
또한 A가 세 번째이므로 C의 진술 중 'B가 제일 적게 나왔다.'가 참이고, E의 진술 중 '내가 네 번째이다.'가 참이므로 D의 진술 중 'E가 네 번째이다.'가 참이고, B의 진술 중 'C가 두 번째로 많이 나왔다.'가 참이다.
따라서 요금이 많이 나온 순으로 나열하면 D − C − A − E − B이다.

14

정답 ②

이 문제는 선택지를 보고 조건에 부합하지 않는 선지가 있는지 확인하며 푸는 방법이 가장 빠르다. ②만 모든 조건에 부합한다.

오답분석
① 다가 맨 뒤에 배치되었으며, 나 뒤에 바가 있기 때문에 오답이다.
③ 가가 맨 앞 또는 맨 뒤에 배치되지 않았으며, 나 뒤에 바가 있기 때문에 오답이다.
④ 가가 맨 앞 또는 맨 뒤에 오지 않았기 때문에 오답이다.
⑤ 마와 라가 연달아 서지 않았기 때문에 오답이다.

15

정답 ④

A와 C의 진술은 서로 모순되므로 동시에 거짓이거나 참일 경우 성립하지 않는다. 또한 A가 거짓인 경우 불참한 스터디원이 2명 이상이 되므로 A는 반드시 참이어야 한다. 그러므로 성립 가능한 경우는 다음과 같다.
ⅰ) B와 C의 진술이 거짓인 경우
   A와 C, E는 스터디에 참석했으며 B와 D가 불참하였으므로 B와 D가 벌금을 내야 한다.
ⅱ) C와 D의 진술이 거짓인 경우
   A와 D, E는 스터디에 참석했으며 B와 C가 불참하였으므로 B와 C가 벌금을 내야 한다.
ⅲ) C와 E의 진술이 거짓인 경우
   불참한 스터디원이 C, D, E 3명이 되므로 성립하지 않는다.
따라서 B와 D 또는 B와 C가 함께 벌금을 내야 하므로 보기 중 옳은 것은 ④이다.

16

정답 ⑤

규칙은 가로로 적용된다.
첫 번째 도형을 y축 기준으로 대칭한 것이 두 번째 도형이고, 두 번째 도형을 시계 방향으로 90° 회전한 것이 세 번째 도형이다.

17

정답 ⑤

규칙은 가로로 적용된다.
첫 번째 도형을 y축 기준으로 대칭 이동한 것이 두 번째 도형이고, 이를 x축 기준으로 대칭 이동한 것이 세 번째 도형이다.

18

규칙은 가로로 적용된다.

정답 ②

첫 번째 도형을 시계 반대 방향으로 45° 회전한 것이 두 번째 도형이고, 이를 시계 방향으로 90° 회전한 것이 세 번째 도형이다.

[19~22]

- ▼ : 1234 → 4321
- △ : −1, +1, −1, +1
- ● : 0, −1, 0, −1
- □ : 1234 → 1324

19

정답 ①

ㅅㄴㄹㅁ → ㅁㄹㄴㅅ → ㅁㄴㄹㅅ
　　　　　▼　　　　　　　　□

20

정답 ④

isog → irof → hsng
　　　 ●　　　　 △

21

정답 ⑤

wnfy → yfnw → yenv
　　　 ▼　　　　 ●

22

정답 ①

ㅈㄹㅋㄷ → ㅈㅋㄹㄷ → ㅇㅌㄷㄹ
　　　　□　　　　　　△

23

정답 ③

제시문의 서론에서 지방은 건강에 반드시 필요한 것이라고 서술하고 있으며, 결론에서는 현대인들의 지방이 풍부한 음식을 찾는 경향이 부작용으로 이어졌다고 한다. 따라서 본론은 (나) 비만과 다이어트의 문제는 찰스 다윈의 진화론과 관련 있음 – (라) 자연선택에서 생존한 종들이 번식하여 자손을 남기게 됨 – (다) 인류의 역사에서 인간이 끼니 걱정을 하지 않고 살게 된 것은 최근 수십 년의 일임 – (가) 생존에 필수적인 능력은 에너지를 몸에 축적하는 능력이었음의 순으로 나열하는 것이 적절하다.

24

정답 ②

제시문은 고전주의의 예술관을 설명한 후 이에 반하는 수용미학의 등장을 설명하고, 수용미학을 처음 제시한 야우스의 주장에 대해 설명한다. 이어서 이것을 체계화한 이저의 주장을 소개하고 이저가 생각한 독자의 역할을 제시한 뒤 이것의 의의에 대해 설명하고 있는 글이다. 따라서 (가) 고전주의 예술관과 이에 반하는 수용미학의 등장 – (라) 수용미학을 제기한 야우스의 주장 – (다) 야우스의 주장을 정리한 이저 – (나) 이저의 이론 속 텍스트와 독자의 상호작용의 의의 순으로 나열하는 것이 적절하다.

25

제시문에 따르면 진경 화법은 경관을 모사하는 사경에 있는 것이 아니라고 하였다.

오답분석

① 원체란 당대의 정치적 쟁점이 되는 핵심 개념을 액자화하여 과학적 방식에 의거하여 설득하려는 정치 · 과학적 글쓰기이다.
② 다산의 원체는 새로운 시각의 정식화라는 당대의 문화적 추세를 반영한 것이다.
③ 진경 화법은 회화적 재구성을 통하여 경관에서 받은 미적 감흥을 창조적으로 구현하는 데 있다고 하였다.
⑤ 다산이 쓴 『원정』은 기존 정치 개념의 답습 또는 모방이 아니라 정치의 정체성에 대한 질문을 통하여 그가 생각하는 정치에 관한 새로운 관점을 정식화하여 제시한 것이라고 하였다.

26

두 번째 문단에서 노동조합이 전반적으로 몰락한 주요 원인을 제조업 분야의 쇠퇴, 즉 서비스업 중심의 경제구조로의 변화에서 찾는 견해가 틀렸다고 하였으므로 적절하지 않은 내용이다.

오답분석

① 1973년 전체 제조업 종사자 중 39%였던 노동조합원의 비율이 2005년에는 13%로 줄어들었다는 부분에서 알 수 있는 내용이다.
② 1970년대 중반 이후 기업들이 보수적 성향의 정치적 영향력에 힘입어서 노동조합을 압도할 수 있게 되었으며, 결국 노동조합의 몰락은 정치와 기업이 결속한 결과라는 부분을 통해서 알 수 있는 내용이다.
③ 많은 제조업 제품을 주로 수입에 의존하게 되면서 서비스업 중심의 산업구조로 미국경제가 변화하였다고 하였으므로 적절한 내용이다.
⑤ 1980년대 초에 노동조합을 지지하는 노동자 20명 중 적어도 한 명이 불법적으로 해고되었다는 점에서 적절한 내용이다.

27

제시문은 전통적인 경제학을 통해 외부성의 비효율성을 줄이기 위해 정부의 개입을 해결책으로 제시하고 있다. 따라서 정부의 개입이 오히려 비용을 높일 수 있다는 주장을 반박으로 제시할 수 있다.

오답분석

① · ② 외부성에 대한 설명이다.
③ · ④ 전통적인 경제학의 주장이다.

28

텔레비전 시청이 개인의 휴식에 도움이 된다는 주장은 텔레비전 시청의 긍정적인 내용일 수는 있으나, 제시문의 내용인 부모와 가정의 문제와는 관련이 없다.

29

제시문에서는 제품의 굽혀진 곡률을 나타내는 R의 값이 작을수록 패널이 받는 폴딩 스트레스가 높아진다고 언급하고 있다. 따라서 1.4R의 곡률인 S전자의 인폴딩 폴더블 스마트폰은 H기업의 아웃폴딩 스마트폰보다 곡률이 작을 것이므로 폴딩 스트레스가 높다고 할 수 있다.

오답분석

① H기업은 아웃폴딩 패널을 사용하였다.
③ 동일한 인폴딩 패널이라고 해도 S전자의 R값이 작으며, R값의 차이에 따른 개발 난이도는 제시문에서 확인할 수 없다.
④ 인폴딩 패널은 아웃폴딩 패널보다 상대적으로 곡률이 작아 개발 난이도가 높다. 따라서 아웃폴딩 패널을 사용한 H기업의 폴더블 스마트폰의 R값이 인폴딩 패널을 사용한 A기업의 폴더블 스마트폰보다 작을 것이라고 보기엔 어렵다.
⑤ 제시문에서 여러 층으로 구성된 패널을 접었을 때 압축응력과 인장응력이 동시에 발생한다고는 언급하고 있으나 패널의 수가 스트레스와 연관된다는 사실은 확인할 수 없다. 따라서 S전자의 폴더블 스마트폰의 R값이 작은 이유라고는 판단하기 어렵다.

30

클라우드를 '그린 IT 전략'으로 볼 수 있는 것은 남는 서버를 활용하고 개인 컴퓨터의 가용률을 높여 자원을 유용하게 활용하기 때문이다.

4일 차 기출응용 모의고사 정답 및 해설

제 1 영역 수리

01	02	03	04	05	06	07	08	09	10	11	12	13	14	15	16	17	18	19	20
④	②	②	⑤	②	③	④	⑤	②	①	③	⑤	③	④	②	⑤	②	⑤	③	②

01

정답 ④

(적어도 1개는 하얀 공을 꺼낼 확률)=1−(모두 빨간 공을 꺼낼 확률)

• 전체 공의 개수 : 4+6=10

• 2개의 공 모두 빨간 공을 꺼낼 확률 : $\dfrac{_4\mathrm{C}_2}{_{10}\mathrm{C}_2}=\dfrac{2}{15}$

따라서 적어도 1개는 하얀 공을 꺼낼 확률은 $1-\dfrac{2}{15}=\dfrac{13}{15}$ 이다.

02

정답 ②

5명 중에서 3명을 순서와 관계없이 뽑을 수 있는 경우의 수를 구하는 식은 다음과 같다.

$_5\mathrm{C}_3=\dfrac{5\times4\times3}{3\times2\times1}=10$가지

따라서 구하고자 하는 경우의 수는 10가지이다.

03

정답 ②

조사한 전체 학생 중 동아리에 가입한 학생의 비율을 구하는 식은 다음과 같다.

$\dfrac{(600\times0.6)+(400\times0.7)}{600+400}\times100=\dfrac{640}{1,000}\times100=64\%$

따라서 구하고자 하는 확률은 64%이다.

04

정답 ⑤

취업자 비율과 실업자 비율의 차이는 2023년에는 55−25=30%p, 2024년에는 43−27=16%p로 2023년과 비교했을 때 2024년에 감소하였다.

오답분석

① 실업자 비율은 2%p 증가하였다.

② 경제활동인구 비율은 80%에서 70%로 10%p 감소하였다.

③ 취업자 비율은 12%p 감소했지만, 실업자 비율은 2%p 증가하였기 때문에 취업자 비율의 증감폭이 더 크다.

④ 비경제활동인구 비율은 20%에서 30%로 10%p 증가하였다.

05

2020년에는 연령대가 올라갈수록 회식참여율도 증가하고 있다. 하지만 2000년에는 연령대가 40대까지 올라갈수록 회식참여율이 감소했으나, 50대에서는 40대보다 회식참여율이 증가하였다.

오답분석

① 2020년 남성과 여성의 회식참여율 차이는 $44-34=10\%$p이고, 2000년은 $88-68=20\%$p이다. 따라서 2020년 남성과 여성의 회식참여율 차이는 2000년보다 $\dfrac{20-10}{20}\times100=50\%$ 감소하였음을 알 수 있다.

③ 20대의 2010년 회식참여율은 68%이고, 2020년의 회식참여율은 32%이다. 따라서 20대의 2010년 회식참여율과 2020년 회식참여율의 차이는 $68-32=36\%$p이다.

④ 직급별 2000년과 2010년의 회식참여율 차이를 구하면 다음과 같다.
- 사원 : $91-75=16\%$p
- 대리 : $88-44=24\%$p
- 과장 : $74-55=19\%$p
- 부장 : $76-54=22\%$p

따라서 2000년과 2010년의 회식참여율 차이가 가장 큰 직급은 대리이다.

⑤ 조사연도에서 수도권 지역과 수도권 외 지역의 회식참여율 차이를 구하면 다음과 같다.
- 2000년 : $91-84=7\%$p
- 2010년 : $63-58=5\%$p
- 2020년 : $44-41=3\%$p

따라서 조사연도 동안 수도권 지역과 수도권 외 지역의 회식참여율의 차이는 계속하여 감소하고 있음을 알 수 있다.

06

ㄱ. 리히터 규모가 5 이상인 지진은 2020년과 2023년에는 대한민국과 북한 모두 발생횟수가 0건이다.

ㄴ. 리히터 규모가 3 미만인 지진의 총 발생횟수는 2019년에 41건, 2020년에 39건으로 2건 감소하였다.

ㄷ. 2023년 총 지진 발생횟수는 115건으로, 2021년 총 지진 발생횟수의 절반인 $252\times\dfrac{1}{2}=126$건보다 적다.

오답분석

ㄹ. 대한민국과 북한의 총 지진 발생횟수의 차가 가장 큰 해는 $229-23=206$건이 차이나는 2021년이다.

07

2021년에 발생한 리히터 규모가 3보다 크거나 같고 5보다 작은 지진의 발생횟수는 리히터 규모가 $4>ML\geq3$인 건수 30과 $5>ML\geq4$인 건수 1의 합인 31이다.

2022년에 발생한 리히터 규모가 3보다 크거나 같고 5보다 작은 지진의 발생횟수는 리히터 규모가 $4>ML\geq3$인 건수 17과 $5>ML\geq4$인 건수 1의 합인 18이다.

따라서 2021년과 2022년에 리히터 규모가 3보다 크거나 같고 5보다 작은 지진이 발생한 총 횟수의 합은 $31+18=49$이다.

08

경찰·검찰·법원 관련 민원 건수는 160건이고, 교통 관련 민원 건수는 300건이므로 $\dfrac{160}{300}=0.6$이다. 따라서 경찰·검찰·법원 관련 민원 건수는 교통 관련 민원 건수의 절반 이상이다.

오답분석

① 일일 전체 민원 건수는 $300+160+40+20+50+30=600$건이다.

② 상위 2개 분야의 비율은 각각 50%, 27%로 두 분야가 차지하는 비율은 $50+27=77\%$이다. 따라서 75% 이상을 차지한다.

③ 행정·안전 관련 민원 건수는 40건이고 도로 관련 민원 건수는 50건이다. 따라서 이를 원그래프로 옮겼을 때, 관련 민원 건수가 더 많은 도로 관련 민원 건수가 차지하는 넓이가 더 넓어야 한다.

④ 기타를 제외하고 환경 관련 민원 건수가 20건으로 가장 적다.

09

그다음 날의 교통 관련 민원 건수는 150건 증가하였고, 나머지 분야는 50건씩 증가하였다. 따라서 전체 민원 건수에서 교통 관련 민원 건수가 차지하는 비율은 $\dfrac{300+150}{600+150+50+50+50+50+50}\times100=\dfrac{450}{1,000}\times100=45\%$이다.

10

2023년 3개 기관의 전반적 만족도의 합은 $6.0+5.7+6.3=18$이고 2024년 3개 기관의 임금과 수입 만족도의 합은 $4.5+4.0+3.5=12$이다. 따라서 2023년 3개 기관의 전반적 만족도의 합은 2024년 3개 기관의 임금과 수입 만족도의 합의 $\dfrac{18}{12}=1.5$배이다.

11

2024년에 기업, 공공연구기관의 임금과 수입 만족도는 전년 대비 증가하였으나, 대학의 임금과 수입 만족도는 감소했다.

오답분석

① 2023년과 2024년 현 직장에 대한 전반적 만족도는 대학 유형에서 가장 높은 것을 확인할 수 있다.
② 2024년 전반적 만족도에서는 기업과 공공연구기관의 만족도가 6.5로 동일한 것을 확인할 수 있다.
④ 사내분위기 만족도에서 2023년과 2024년 공공연구기관의 만족도는 5.8로 동일한 것을 확인할 수 있다.
⑤ 2024년 직장유형별 근무시간 만족도의 전년 대비 증가율은 다음과 같다.

- 기업 : $\dfrac{6.6-5.5}{5.5}\times100=20\%$

- 공공연구기관 : $\dfrac{6.9-6.0}{6.0}\times100=15\%$

- 대학 : $\dfrac{8.0-6.4}{6.4}\times100=25\%$

따라서 2024년 근무시간 만족도의 전년 대비 증가율이 가장 높은 유형은 대학이므로 옳은 설명이다.

12

서울특별시의 2024년 1월 소비심리지수는 120이고, 2024년 6월 소비심리지수는 90이므로 2024년 1월 대비 2024년 6월의 소비심리지수 감소율은 $\dfrac{120-90}{120}\times100=25\%$로 20% 이상이다.

오답분석

① 2024년 1월 소비심리지수가 100 미만인 지역은 대구광역시, 경상북도 두 곳이다.
② 2024년 2월 소비심리지수가 두 번째로 높은 지역은 서울(130)이고, 두 번째로 낮은 지역은 경상북도(100)로 두 지역의 소비심리지수의 차이는 $130-100=30$이다.
③ 자료를 통해 알 수 있다.
④ 경상북도는 소비심리지수가 96으로 100을 넘지 않아 3월에 비해 4월에 가격 상승 및 거래 증가 응답자가 적었음을 알 수 있다.

13

경상북도의 2024년 3월 소비심리지수는 100이고, 2024년 4월 소비심리지수는 96이므로 전월 대비 2024년 4월의 소비심리지수 감소율은 $\dfrac{100-96}{100}\times100=4\%$이다.

대전광역시의 2024년 3월 소비심리지수는 120이고, 2024년 6월 소비심리지수는 114이므로 2024년 3월 대비 2024년 6월의 소비심리지수 감소율은 $\dfrac{120-114}{120}\times100=5\%$이다.

따라서 두 감소율의 합은 $4+5=9\%$p이다.

14

독일은 10%에서 11%로 증가했으므로 증가율은 $\frac{11-10}{10} \times 100 = 10\%$이며, 대한민국은 10%에서 12%로 증가했으므로 증가율은 $\frac{12-10}{10}$ $\times 100 = 20\%$이다. 따라서 대한민국의 청년층 실업률 증가율이 독일보다 높다.

오답분석

① 10%에서 9%로 감소했으므로 감소율은 $\frac{10-9}{10} \times 100 = 10\%$이므로 옳은 설명이다.

②·③·⑤ 제시된 자료를 통해 알 수 있다.

15

정답 ②

2024년 미국 청년층 실업률은 2019년과 비교하여 6%p 증가하였다.

오답분석

① 2024년 독일 청년층 실업률은 2019년과 비교하여 변화가 없다.
③ 2024년 영국 청년층 실업률은 2019년과 비교하여 5%p 증가하였다.
④ 2024년 일본 청년층 실업률은 2019년과 비교하여 변화가 없다.
⑤ 2024년 대한민국 청년층 실업률은 2019년과 비교하여 1%p 증가하였다.

16

정답 ⑤

• (가) : 730-(12+340+330+8)=40
• (나) : 14+310+45+325+6=700
따라서 (가)+(나)는 40+700=740이다.

17

정답 ②

자료를 통해 알 수 있다.

오답분석

① 2024년 총 취수량은 700천만 m^3로 전년보다 감소하였다.
③ 하천표류수의 양이 가장 많았던 해는 2021년, 댐의 취수량이 가장 많았던 해는 2023년이다.
④ 지하수의 양이 총 취수량의 1% 이하이면 지표수의 양은 총 취수량의 99% 이상이다.

• 2023년 총 취수량 중 지하수의 비중 : $\frac{15}{750} \times 100 = 2\%$

• 2024년 총 취수량 중 지하수의 비중 : $\frac{14}{700} \times 100 = 2\%$

따라서 2023년과 2024년에는 취수량 중 지하수의 비중이 2%이므로 지표수의 양이 총 취수량의 98%를 차지한다.
⑤ 2019년, 2022년, 2023년, 2024년에는 하천표류수보다 댐의 연간 취수량이 더 많다.

18

정답 ⑤

강수량의 증감추이를 나타내면 다음과 같다.

1월	2월	3월	4월	5월	6월
–	증가	감소	증가	감소	증가
7월	8월	9월	10월	11월	12월
증가	감소	감소	감소	감소	증가

이와 동일한 추이를 보이는 그래프는 ⑤이다.

오답분석

① 증감추이는 같지만 4월의 강수량이 50mm 이하로 표현되어 있다.

19

정답 ③

전월의 꽃의 수와 금월 꽃의 수의 합이 명월의 꽃의 수이다.
- 2024년 6월 꽃의 수 : $130+210=340$송이
- 2024년 7월 꽃의 수 : $210+340=550$송이
- 2024년 8월 꽃의 수 : $340+550=890$송이
- 2024년 9월 꽃의 수 : $550+890=1,440$송이
- 2024년 10월 꽃의 수 : $890+1,440=2,330$송이

따라서 2024년 10월에는 2,330송이의 꽃이 있을 것이다.

20

정답 ②

n을 자연수라고 할 때, 거리가 nm 떨어진 곳에서의 가로등 밝기를 a_n이라 하면 $a_n = \dfrac{45}{n^2}$이다.

따라서 10m 떨어진 곳에서의 가로등 밝기는 $a_{10} = \dfrac{45}{10^2} = 0.45$lux이다.

01	02	03	04	05	06	07	08	09	10	11	12	13	14	15	16	17	18	19	20
⑤	⑤	②	①	④	①	①	④	③	④	⑤	③	④	⑤	②	②	③	②	④	②
21	22	23	24	25	26	27	28	29	30										
③	⑤	④	④	⑤	④	⑤	①	⑤	①										

01
정답 ⑤

'어휘력이 좋다.'를 A, '책을 많이 읽다.'를 B, '글쓰기 능력이 좋다.'를 C라고 하면 전제1은 ~A → ~B, 전제2는 ~C → ~A이므로 ~C → ~A → ~B가 성립하여 결론은 ~C → ~B나 B → C이다. 따라서 빈칸에 들어갈 내용은 '글쓰기 능력이 좋지 않으면 책을 많이 읽지 않은 것이다.'이다.

02
정답 ⑤

'커피를 많이 마시다.'를 A, '카페인을 많이 섭취한다.'를 B, '불면증이 생긴다.'를 C라고 하면 전제1은 A → B, 전제2는 ~A → ~C이다. 전제2의 대우는 C → A이므로 C → A → B가 성립한다. 따라서 C → B인 '불면증이 생기면 카페인을 많이 섭취한 것이다.'가 적절하다.

03
정답 ②

'환율이 오른다.'를 A, 'X주식을 매도하는 사람'을 B, 'Y주식을 매수하는 사람'을 C라고 하면, 전제1과 전제2를 다음과 같은 벤 다이어그램으로 나타낼 수 있다.

1) 전제1 2) 전제2

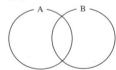

이를 정리하면 다음과 같은 벤 다이어그램이 성립한다.

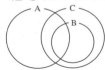

따라서 '환율이 오르면 어떤 사람은 Y주식을 매수한다.'라는 결론이 도출된다.

04
정답 ①

'커피를 마신다'를 A, '치즈케이크를 먹는다'를 B, '마카롱을 먹는다'를 C, '요거트를 먹는다'를 D, '초코케이크를 먹는다'를 E, '아이스크림을 먹는다'를 F라고 하면, 'C → ~D → A → B → ~E → F'가 성립한다.

05
정답 ④

주어진 조건에 따라 수진, 지은, 혜진, 정은의 수면 시간을 정리하면 다음과 같다.
• 수진 : 22:00 ~ 07:00 → 9시간
• 지은 : 22:30 ~ 06:50 → 8시간 20분
• 혜진 : 21:00 ~ 05:00 → 8시간
• 정은 : 22:10 ~ 05:30 → 7시간 20분
따라서 수진이의 수면 시간이 가장 긴 것을 알 수 있다.

06

정답 ①

주어진 조건을 정리하면 다음과 같다.

구분	월	화	수	목	금
경우 1	보리밥	콩밥	조밥	수수밥	쌀밥
경우 2	수수밥	콩밥	조밥	보리밥	쌀밥

따라서 항상 참인 것은 ①이다.

오답분석

② 금요일에 먹을 수 있는 것은 쌀밥이다.

③·④·⑤ 주어진 조건만으로는 판단하기 힘들다.

07

정답 ①

주어진 조건을 정리해보면 다음과 같다.

구분	1반	2반	3반	4반	5반
경우 1	D	A	B	C	E
경우 2	B	A	D	C	E

따라서 항상 참인 것은 ①이다.

오답분석

② 2반에 배정되는 것은 A이다.

③·④ 같은 반에 연속 배정될 수는 없다.

⑤ 주어진 조건만으로는 판단하기 힘들다.

08

정답 ④

주어진 조건에 따라 결재받을 사람 순서를 배치해보면 다음과 같다.

구분	첫 번째	두 번째	세 번째	네 번째	다섯 번째	여섯 번째
경우 1	a	d	e	b	f	c
경우 2	d	a	e	b	f	c

따라서 세 번째로 결재를 받아야 할 사람은 e이다.

09

정답 ③

주어진 조건에 따라 운동 종류의 순서를 배치해보면 다음과 같다.

구분	첫 번째	두 번째	세 번째	네 번째	다섯 번째	여섯 번째
경우 1	e	a	c	b	d	f
경우 2	e	a	b	c	d	f

따라서 다섯 번째로 하는 운동은 d이다.

10

정답 ④

주어진 조건에 따라 종합병원의 층 구조를 추론해보면 다음과 같다.

3층	정신과
2층	입원실, 산부인과, 내과
1층	접수처, 정형외과, 피부과

따라서 입원실과 내과는 정신과가 위치한 3층과 접수처가 위치한 1층의 사이인 2층에 있기 때문에 ④가 올바른 추론이다.

11

주어진 조건에 따라 섹션 분배를 추론해보면 다음과 같다.

A(입구 쪽)	기린
B	코끼리
C	악어
D	거북이
E(출구 쪽)	호랑이

따라서 호랑이가 출구 쪽에 가장 가까운 섹션인 E섹션에 오게 되므로 ⑤가 올바른 추론이다.

12

주어진 조건에 따라 층별 인원을 추론해보면 다음과 같다.

4층	다, 차, 카
3층	나, 사, 아
2층	라, 자, 타
1층	가, 마, 바

따라서 사는 3층에 살고 있으며, 다, 차, 카는 4층에 살고 있으므로 ③이 올바른 추론이다.

13

이 문제는 선택지를 보고 조건에 부합하지 않는 선지가 있는지 확인하며 푸는 방법이 가장 빠르다. ④만 모든 조건에 부합한다.

오답분석

① 가와 다가 한 섹션에 앉아서 오답이다.
② 가와 사가 한 섹션에 앉았는데, 다와 라가 다른 섹션에 앉아서 오답이다.
③ 나와 마가 같은 섹션에 앉지 않았고, 라가 세 명 있는 섹션에 배정되어서 오답이다.
⑤ 라가 세 명 섹션에 배정되었기 때문에 오답이다.

14

진실을 말하는 사람이 1명뿐인데, 만약 E의 말이 거짓이라면 5명 중에 먹은 사과의 개수가 겹치는 사람은 없어야 한다. 그런데 먹은 사과의 개수가 겹치지 않고 5명이서 12개의 사과를 나누어 먹는 것은 불가능하다. 그러므로 E의 말은 참이고, A, B, C, D의 말은 거짓이므로 이를 정리하면 다음과 같다.

• A보다 사과를 적게 먹은 사람이 있다.
• B는 사과를 3개 이상 먹었다.
• C는 D보다 사과를 많이 먹었고, B보다 사과를 적게 먹었다.
• 사과를 가장 많이 먹은 사람은 A가 아니다.
• E는 사과를 4개 먹었고, 먹은 사과의 개수가 같은 사람이 있다.

E가 먹은 개수를 제외한 나머지 사과의 개수는 모두 8개이고, D<C<B(3개 이상)이며, 이 중에서 A보다 사과를 적게 먹은 사람이 있어야 한다. 이를 모두 충족하여 먹은 사과의 개수는 B가 3개, C가 2개, D가 1개, A가 2개이다.

따라서 사과를 가장 많이 먹은 사람은 E, 가장 적게 먹은 사람은 D이다.

15

다음의 논리 순서를 따라 주어진 조건을 정리하면 쉽게 접근할 수 있다.
• 세 번째 조건 : 한국은 월요일에 대전에서 연습을 한다.
• 다섯 번째 조건 : 미국은 월요일과 화요일에 수원에서 연습을 한다.
• 여섯 번째 조건 : 미국은 목요일에 인천에서 연습을 한다.
• 일곱 번째 조건 : 금요일에 중국과 미국은 각각 서울과 대전에서 연습을 한다.
• 여덟 번째 조건 : 한국은 월요일에 대전에서 연습하므로, 화요일과 수요일에 이틀 연속으로 인천에서 연습을 한다.

이때, 미국은 자연스럽게 수요일에 서울에서 연습함을 유추할 수 있고, 한국은 금요일에 인천에서 연습을 할 수 없으므로 목요일에는 서울에서, 금요일에는 수원에서 연습함을 알 수 있다. 그리고 만약 중국이 수요일과 목요일에 이틀 연속으로 수원에서 연습을 하게 되면 일본은 수원에서 연습을 못하게 되므로, 중국은 월요일과 목요일에 각각 인천과 수원에서 연습하고, 화요일과 수요일에 대전에서 이틀 연속으로 연습해야 함을 유추할 수 있다. 나머지는 일본이 모두 연습하면 된다. 이 사실을 종합하여 주어진 조건을 정리하면 다음과 같다.

구분	월요일	화요일	수요일	목요일	금요일
서울	일본	일본	미국	한국	중국
수원	미국	미국	일본	중국	한국
인천	중국	한국	한국	미국	일본
대전	한국	중국	중국	일본	미국

따라서 수요일에 대전에서는 중국이 연습을 한다.

오답분석
①·③·④·⑤ 조건을 정리한 표를 통해 쉽게 확인할 수 있다.

16

규칙은 가로로 적용된다.
첫 번째 도형을 상하좌우로 4등분했을 때 왼쪽 위의 도형이 두 번째 도형이고, 두 번째 도형을 y축 대칭 이동한 것이 세 번째 도형이다.

17

규칙은 가로로 적용된다.
첫 번째 도형을 y축 기준으로 대칭 이동한 것이 두 번째 도형이고, 이를 $180°$ 회전한 것이 세 번째 도형이다.

18

규칙은 가로로 적용된다.
첫 번째 도형을 시계 방향으로 $120°$ 회전한 것이 두 번째 도형이고, 이를 시계 반대 방향으로 $60°$ 회전한 것이 세 번째 도형이다.

[19~22]

• ● : 1234 → 4321
• ※ : 각 자릿수 +1
• ▽ : 1234 → 1324
• ◆ : 각 자릿수 +2, +3, +2, +3

19

정답 ④

g7n1   →   h8o2   →   2o8h
        ※   ●

20

정답 ②

5va1   →   5av1   →   7dx4
        ▽   ◆

21

정답 ③

87yh   →   8y7h   →   h7y8
        ▽   ●

22

정답 ⑤

h26o   →   j58r   →   k69s
        ◆   ※

23

정답 ④

먼저 보험료와 보험금의 산정 기준을 언급하는 (나) 문단이 오는 것이 적절하며, 다음으로 자신이 속한 위험 공동체의 위험에 상응하는 보험료를 내야 공정하다는 (다) 문단이 오는 것이 적절하다. 이후 '따라서' 공정한 보험은 내는 보험료와 보험금에 대한 기댓값이 일치해야 한다는 (라) 문단과 이러한 보험금에 대한 기댓값을 설명하는 (가) 문단 순으로 나열하는 것이 적절하다.

24

정답 ④

제시문은 우리 몸의 면역 시스템에서 중요한 역할을 하는 킬러 T세포가 있음을 알려주고, 이것의 역할과 작용 과정을 차례로 설명하며 마지막으로 킬러 T세포의 의의에 대해 이야기하는 글이다. 따라서 (라) 우리 몸의 면역 시스템에 중요한 역할을 하는 킬러 T세포 – (가) 킬러 T세포의 역할 – (마) 킬러 T세포가 작용하기 위해 거치는 단계 – (다) 킬러 T세포의 작용 과정 – (나) 킬러 T세포의 의의 순으로 나열하는 것이 적절하다.

25

정답 ⑤

당시 미국의 주들 가운데는 강제불임시술을 규정하고 있는 주들이 있었지만 그중 대부분의 주들이 이러한 강제불임시술을 실제로는 하고 있지 않았다.

오답분석
① 캐리 벅은 10대 후반의 정신박약인 백인 여성인데, 당시 우생학에서는 정신박약자를 유전적 결함을 가진 대상으로 보았다.
② 버지니아주에서는 정신적 결함을 가진 사람들의 불임시술을 강제하는 법을 1924년에 제정하여 시행하고 있었고, 이 법은 당시 과학계에서 받아들여지던 우생학의 연구결과들을 반영한 것이라고 하였다.
③ 버지니아주에서 시행하던 법은 유전에 의해 정신적으로 결함이 있는 자들에게 강제불임시술을 함으로써 당사자의 건강과 이익을 증진하는 것을 목적으로 하였다.
④ 홈즈 대법관은 '사회가 무능력자로 차고 넘치는 것을 막고자 이미 사회에 부담이 되는 사람들에게 그보다 작은 희생을 요구하는 것이 금지된다고 할 수는 없다.'고 하였다.

26

1998년 개발도상국에 대한 은행 융자 총액은 500억 달러였는데, 2005년에는 이것이 670억 달러가 되어 1998년의 수준을 회복하였다.

오답분석

① 경제적 수익을 추구하기 위한 것으로 포트폴리오 투자를 들 수 있으며, 회사 경영에 영향력을 행사하기 위한 것으로 외국인 직접투자를 들 수 있다.
② 지금까지 해외 원조는 개발도상국에 대한 경제적 효과가 있다고 여겨져 왔으나 최근 경제학자들 사이에서는 그러한 경제적 효과가 없다는 주장이 힘을 얻고 있다고 하였다.
③ 개발도상국으로 흘러드는 외국자본은 크게 원조, 부채, 투자가 있는데, 그중 부채는 은행 융자와 채권으로, 투자는 포트폴리오 투자와 외국인 직접투자로 나눌 수 있다.
⑤ 개발도상국에 대한 포트폴리오 투자액은 90억 달러에서 410억 달러로 320억 달러 증가하였고, 채권은 230억 달러에서 440억 달러로 210억 달러 증가하였다. 따라서 전자의 증감액이 더 크다.

27

고전적 귀납주의에 따르면 여러 가설 사이에서 관련된 경험적 증거 전체를 고려하여 경험적 증거가 많은 가설을 선택할 수 있다. 즉, 가설에 부합하는 경험적 증거가 많을수록 가설의 신뢰도가 더 높아진다고 본 것이다. 따라서 이러한 주장에 대한 반박으로는 경험적 증거로 인해 높아지는 가설의 신뢰도를 정량적으로 판단할 수 없다는 ⑤가 가장 적절하다.

28

제시문은 창조 도시가 가져올 경제적인 효과를 언급하며 창조 도시의 동력을 무엇으로 볼 것이냐에 따라 창조 산업과 창조 계층에 대한 입장을 설명하고 있다. 따라서 창조 도시가 무조건적으로 경제적인 효과를 가져오지 않을 것이라는 논지의 반박을 제시할 수 있다.

오답분석

② 창조 도시에 대한 설명이다.
③ · ④ 창조 산업을 동력으로 삼는 입장이다.
⑤ 창조 계층을 동력으로 삼는 입장이다.

29

보기의 김교사는 교내 정보 알림판이 제 기능을 하지 못하는 문제를 해결하기 위해 알림판을 인포그래픽으로 만들 것을 건의하였다. 설문 조사 결과에 따르면 알림판에 대한 학생들의 무관심이 문제 상황에 대한 가장 큰 원인이 되므로 김교사는 학생들의 관심을 끌기 위한 방안을 제시한 것임을 알 수 있다. 따라서 김교사는 인포그래픽의 관심 유발 효과를 고려한 것임을 알 수 있다.

TIP 먼저 보기부터 읽어 제시문에서 확인해야 하는 내용을 미리 파악해놓으면 필요한 내용에 집중할 수 있다.

30

제시문은 언론의 '의제 설정'과 반대 개념인 시민들의 '역의제 설정'에 대한 글이다. 따라서 제시문의 내용을 통해 일반 시민들이 SNS를 통해 문제를 제기하면서 전통적 언론에서 뒤늦게 그 문제에 대해 보도하는 현상이 생기게 된 것을 알 수 있다.

오답분석

ㄱ. 현대의 전통적 언론도 '의제 설정 기능'을 수행할 수는 있다.
ㄷ. 현대 언론은 과거 언론에 비해 '의제 설정 기능'의 역할이 약하다.
ㄹ. SNS로 인해 '역의제 설정' 현상이 강해지고 있다.

2025 최신판 시대에듀 All-New 사이다 모의고사 삼성 온라인 GSAT

개정25판1쇄 발행	2025년 03월 20일 (인쇄 2025년 01월 09일)
초 판 발 행	2012년 09월 20일 (인쇄 2012년 09월 07일)
발 행 인	박영일
책 임 편 집	이해욱
편 저	SDC(Sidae Data Center)
편 집 진 행	안희선 · 신주희
표지디자인	하연주
편집디자인	최미림 · 고현준
발 행 처	(주)시대고시기획
출 판 등 록	제10-1521호
주 소	서울시 마포구 큰우물로 75 [도화동 538 성지 B/D] 9F
전 화	1600-3600
팩 스	02-701-8823
홈 페 이 지	www.sdedu.co.kr
I S B N	979-11-383-8697-5 (13320)
정 가	18,000원

사~사사
이이이
다~다다

사일 동안
이것만 풀면
다 합격!

삼성
온라인 GSAT

대기업 인적성 "기출이 답이다" 시리즈

역대 기출문제와 주요기업 기출문제를 한 권에! 합격을 위한
Only Way!

대기업 인적성 "모의고사" 시리즈

실제 시험과 동일하게 마무리! 합격으로 가는
Last Spurt!

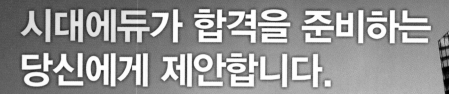

시대에듀가 합격을 준비하는
당신에게 제안합니다.

결심하셨다면 지금 당장 실행하십시오.
시대에듀와 함께라면 문제없습니다.

성공의 기회!
시대에듀를 잡으십시오.

NEXT STEP!

기회란 포착되어 활용되기 전에는 기회인지조차 알 수 없는 것이다.

— 마크 트웨인 —